死の先へ

あなたの知らない死に際《ぎわ》から、
その先へ

岩満羅門

鳥影社

……この最後の日にむかって。そう思うときほっとするのは、もう《その先》がないという瞬間があるのを考えるときである。私は選ぶ者として、すべてを指先で試してみることができる。すべてを——ただし、一つだけ別のものがある。すなわち、日々と歳月とが凝結してなった一瞬である。死の光に限なく照らしだされた、死の直前のその一瞬である。ただ死のみが測ることのできる、その一瞬である。

ダグ・ハマーショルド『道しるべ』鵜飼信成訳、みすず書房

（ハマーショルドは第二代国連事務総長）

はじめに

生き物にとって死ほど恐ろしいものはありません。いかなる動物も死を避け、死から必死に身を守ろうとします。生きようとすることは生物のもっとも強い本能でありながら、しかし、生あるものは必ず滅ぶ定めにあり、私たちは決して死を避けることができません。

近頃、若くして亡くなられる著名人があとを絶ちません。まだ若く、これから活躍されるだろうにと思うと辛い気持ちになります。他人事ではありません。いつ自分たちもそうなるかわかりません。そればかりか、巨大な災害の襲来が間近だという予感をだれもが抱いています。

日本が高度成長の道を順調に登りつめていたころは、自らの命がやがて終焉《しゅうえん》を迎えるという事実を直視するより、もっと目先のことに必死であり、ある意味で夢中だったのです。死から目を逸らすことが山のように溢れ、日々の暮らしや仕事に忙しく、死はどこかに追いやられていたのかもしれません。家族の中で亡くなる人がいても、あわただしく葬儀を終えると、確かに、死はその場から姿を消してしまいました。

しかし、今は違います。超高齢化社会を迎えて、数え切れないほどの人々が老いや死の先を考え、肉親の死を経験し、みずからの死と直面せざるを得ない状態になってきています。しかも核家族化で肉親も親族も少なく、墓をどう維持するのかといった問題も差し迫っています。

これまで避けて通ってきた死の問題と正面から向かい合わなければならない時代が到来したのです。何より、他人ではなく、みずからの死が恐怖をもって迫ってきます。死ぬことから逃れたり、避けたりすることなど、当然のことながら、誰一人としてできません。


人間にとって、死は特別な意味を担っていますが、それは死を通してのみ、浮かび上がる真実があるからです。死の意味を求めるように、私たちには能力が与えられています。生死を見つめない世の中は、生も大切にすることができません。人生とは、死を見つめながら自分の存在を確かめ、生死を意味あるものにしていく過程ではないでしょうか。

人間にとって時間こそが命であり、命は時間そのものです。死によって、人は命が絶たれるだけでなく、「時」も失われます。死の先には、果たして何があるのでしょうか。

また、死は予想できないかたちで訪れることがあります。突如、事故で命を奪われたり、想像を絶する巨大な災害に巻き込まれる可能性があります。いま日本は、かつてない造山運動にさらされつつあり、温暖化の影響とあいまって、巨大地震、津波、噴火、スーパー台風、ゲリラ豪雨など、経験したこともない戦慄すべき大災害が到来しつつあります。想定外のことばかりが多発し、過去の平均値など何の役にも立たない事態なのです。そして、私たち自身がいつこれらの巨大災害に巻き込まれ、命の危険にさらされるかわからないのです。また、だれもが重篤な病に冒される可能性があります。どんな人も高齢になれば、何らかの病を抱え、その病によって死に至るかもしれません。

しかし、仮にどんな状況におちいっても、この生をほんとうに満たすこと以外に、死を意味あるものすることはできません。

ヨーロッパ文明の根底にはメメントモリ、つまり死を忘れるなという訓戒がありました。日本文化にも『葉隠』に代表されるように、生死の境界から生を思う、「末期《まつご》の発想」が存在しました。だが、現代文明はその物質を中心とする発想によって、生死の両面ではなく、

「生」の側面だけしか見ていないように思われるのです。現代人はあまりにも死を見て見ぬふりをして、死から逃げ、死を遠ざけてきたのではないでしょうか。しかし、もはや猶予がありません。

いまこそ、誠実に死を想い、死を通して生を見つめ、生を価値あるものに高めてゆきたいものです。そしてもし可能ならば、「死の先の生」についても、思いを正しく巡らしたいのです。人間の魂に輪廻転生が存在するならば、私たちには別の人生が存在し、この世の生は、私たちの人生全体のほんの一部分に過ぎないということがわかってきます。一人ひとりに与えられている本当の人生とはどういうものなのか、そのことについても徹底して考えてみたいのです。

私たちは齢《よわい》を重ねるにしたがって体のあちこちに、がたつきや緩みが出てきます。たとえ体は元気でも、気持ちが沈みがちになり、やる気がなかなか出ません。意欲も衰え、何をするのも億劫に感じます。それでも怖れや不安と共に、死について思いを巡らすことは多いのではないでしょうか。死んだあと、自分はどうなるのだろうか。見苦しくなく死ぬことができるだろうか。家族の生活は充分維持できるだろうか。と不安と慄《おのの》きの種は尽きません。

テレビでおなじみだった司会者の愛川欽也さんが今年（二〇一五年四月）亡くなられました。奥様のうつみ宮土理さんが記者会見でその最期の様子を語っておられたのがとても印象的でした。「ギリギリまで仕事をしていた、強い人でした。ずっと手を握っていましたが、その手がどんどん弱くなっていきました」。別離の哀切を伝えて胸に迫る言葉です。握った手の力がどんどん失われて、愛する人はあの世に旅立っていったのです。

死は、死んでいく者にとっても、それを看取る者にとっても、もっとも厳粛な瞬間です。人は死を迎えることで、もう二度と戻ることのできない現実世界に別れを告げ、この世を超えた世界へといざなわれていきます。死こそは人の襟を正し、人生でもっとも真剣で峻厳極まりない瞬間へと私たちを招くのです。そして死に際し、人は、経験したことがない高い次元の世界と触れ合うことができるようになります。

この世で生きていると、あまりにも物質的な事柄に振り回され、物質を超えた世界になど思いを馳《は》せることはほとんどありません。しかし、死に際し、私たちが経験するのは、まさにこの事柄なのです。どんな人であっても、私たちは生涯の最期の瞬間、今際《いまわ》の際《きわ》に到ったとき、正気に立ち返り、真剣そのものとなり、そして高い霊的な世界と触れ合うのです。

私たちがその後の世界をあらかじめ知っておくことは、言葉にできないほど重要です。そして、そのことで死後の世界への移行はスムーズに行われるのです。それが真実の世界に結びついているならば、死は絶望ではなく、希望につながるのではないでしょうか。

最近、本屋さんに行くと、死や霊界の本が数多く並んでいます。何種類も平積みしてあるのでご年配のかたが読むのかと思ったら、そうでもないそうです。まだ死がずっと先のはずの若い人や中年の人も、関心をもって読んでいるのです。

この前の戦争では（そういっても、もう七十年以上も前になりますから、若い人たちには縁遠い話に思えるでしょうが）、何千万人という人々が世界中で亡くなり、死というものが剝《む》き出しのかたちで累々《るいるい》と積み重なっておりました。日本では、その後ずっと平和が続いて、死というものがすっかり身の回りから姿を消し、直接眼に見えないものになってしまったのです。

家族が亡くなる時も、たいていは病院のベッドの上です。人生の最期の瞬間を迎えるというのに、体中に管がつながれ、電子機器がさまざまなデータを収集し、人間の死という尊厳に満ちた瞬間が、なにか生体実験でもするように片付けられています。先の愛川欣也さんは、病院ではなく、みずから望んで自宅で最期を迎えられたそうです。

死というものが隠蔽され、日常の中で実感しにくい世の中は、どこかウソっぽいのではないでしょうか。死を通して初めて、生は真のリアリティを獲得し、その深い意味を把握できるようになるのです。生きていることがどれほど尊いことかを実感するためにも、死を正視し、死と対峙《たいじ》し、生の果て、死の淵から、生を捉えなおす勇気が求められています。

阪神大震災や三・一一の巨大災害を通して、私たちがわずかでも正気に立ち返ることがあるとすれば、そこに夥《おびただ》しい死があって、魂の奥底を揺り動かさずにいられなかったからです。その死の一つ一つが、生の切実さを訴えています。

本書は、死を見つめることで生を意味あるものに深め、さらに死の先を考えてみたいと企画されました。私と編集者との対話を通して、生と死の問題を皆さまと一緒に掘り下げてまいりたいと思います。対談をしてくださるのは、今回も鳥影社編集部の小野英一さんです。

岩満　羅門

死の先へ

あなたの知らない死に際《ぎわ》から、その先へ

目次

はじめに　1

第一章　羅門先生との対話……15

死んだらどうなるのか　17
霊格とは　25
死生観の変化　29
魂はボケない　36
実際に食べてみる　42
ここまでのまとめ　47
死についての最新の物理学的説明　53
篩にかけられる　77
向上することの意味、聖霊界の本質　79
　聖霊界文字曼陀羅図　81
死は脱皮であり、新たな死は始まりである　95

第二章　逆境と慟哭の歩み……99

貴種流離譚　101
観音経を唱える　103
光の仏と出会う　106
予知の始まり　110
母の虐待　111
ハーモニカ　121
コブと言われて　126
東京の父　129
極貧の下宿生活　136
温かき人々　138
母の夢　144
高見の蛍合戦　146
太郎の悲鳴　149

第三章　永遠の世界を想う
終わりのないいのち……155
人生は最後になればなるほど重要である　157
永遠の秩序　169
死への準備　182
聖なる力をもらう　189

第一章　羅門先生との対話

❖死んだらどうなるのか

――いま死について書かれた本や、霊界について説いている本がベストセラーになっています。数え切れないほどの方々が、死んだ後どうなるのか、必死にその答えを探し求め、真剣に死後の世界の手がかりを探っておられます。これまでタブーとされてきた死の問題に、従来の宗教や思想とは別のところで、さまざまな問いかけが始まっているように感じます。

何より、重い病を抱え、じかに死に向きあっておられる大勢の方々がおられます。病を通して、初めて、死が逃れようのない恐ろしい事実としてリアリティをもって迫ってくるのです。

それは死ぬ際につきまとう苦しみや、痛みへの怖れであるのと同時に、死によって、あらゆるものを失い、愛する人たちと別れなければいけない恐怖があるからです。さらに、この《私という意識》が失われ、何もかもがわからなくなってしまうだろうという恐怖心も強いのかもしれません。

人類はこれまでのところ、「死」について万人が納得できる明確な答えを見出していません。宗教家をはじめとして、さまざまな人々が死について語ってきましたが、彼らが言うことは正しいのでしょうか。それが本当かどうか、死んだらもう戻ってこられないわけですから、知りようがありません。人類は、死について本当の答えを知らないわけです。

死について、先生のお考えをぜひお聞かせください。

羅門　困りましたね。私も死んでいないので答えようがありません。ほんとうに死んだら、これまた答えようがありません。

お釈迦様は、「人は死んだ後にも存在するのか」という問いにどうお答えになったかご存知ですか。

――いや、わかりませんが。

羅門　お釈迦様は、何もお答えにならなかったのです。知っているとも知らないともお答えになりませんでした。無記《むき》といって言及することを避けたのです。パーリ語の経典『小マールキヤ経』には釈迦への十の問いがあげられています。実際の問いは十あって対句法に従っていますが、ここでは短くまとめてみましょう。

世界は（時間的に）永遠なのか、それとも終わりがあるのか
世界は（空間的に）有限なのか、それとも無限なのか
いのちと身体は同じものか、それとも別のものか
如来は死後も存在するのか、それとも存在しないのか

お釈迦様はこのいずれに問いに対しても、お答えにならなかったと言われます。そして有名な毒矢のたとえ話が語られるのです。

毒矢に射抜かれた人がいた。人がその矢を抜きとり、解毒の手当をしようとすると、「矢を射た者はどういう身分のものか、矢の弦にはどんな材料が使われたか、矢の羽は何の鳥のものか、鏃《やじり》はどんな形状かなど、答えるまでは矢を抜いてはならない、などと言っていて

は、当人は死んでしまうだろう」と。無用な形而上学的議論に囚われていたら、肝心なことを見失うだろうという戒めです。だが釈尊の教えが説かれてから二五〇〇年を経た私たちは、その答えをわずかですが、知りえる位置に立とうとしています。

先の十の問いが興味深いのは、二五〇〇年も前の古代人も、今と同じようなことを疑問に思っていたということですね。これらの問いのいくつかは、現代科学によってある程度、答えが得られるようになりました。しかし、いまなお答えようがないものもあります。宇宙の開闢《かいびゃく》についてはビッグバン理論が存在しますし、宇宙の大きさについてもほぼ明らかになっていますが、ビッグバンの前の状態については答えようがありません。精神と身体の関係も結論が出ていません。まして、人間は死後も存在するのかどうかは万人共通の答えなどどこにもないわけです。

お釈迦様は人間が死んだあとどうなるのか、本当はご存知だったのにお答えにならなかったのだと私は思うのです。お釈迦様がお悟りを開かれたということは、小さな私を超えた永遠の世界を知ったということですし、先の問いの「如来は死後も存在するか否か」では、人ではなく如来が問われているのです。如来とはサンスクリット語でタターガタと呼ばれ、道を究めた者、永遠に滅びることのない領域に達した者という意味ですから、答えはおのずと明らかだと思うのです。お釈迦様がお答えにならなかったのは、人は死について知るよりも、まず、御身みずからの生に想いを巡らし、修行に励みなさいということだったかもしれません。

人の死には深い意味があります。それは相対的なものでしかないこの世の価値を、死だけが、絶対的な序列で並び替える力を持つからです。死の瞬間、私たちはまことに永遠というものの前に立つのです。

栄華を極めた人間も、生涯の最後には老いさらばえ、死して、焼かれて終わります。この終焉の意味を、末期の意味を、臨終の意味を直視する勇気を持たなければなりません。死だけが、この世の本当の姿を捉える視点を人にもたらすのです。

西洋では「メメント・モリ」、死を忘れるなという言葉が人生の基本訓として知られていますが、日本では死を忌み嫌い、「穢《けが》れ」と考えますから、死について考えることはどちらかといえば避ける傾向があったかもしれません。

——あのぅ、先生。教養的なお話はいいのです。みんな死について差し迫った気持ちで答えを求めています。ぜひとも死と、その先にどうなるのか、ほんとうのところを教えてください。

羅門　いいですか。死んだ後どうなるか、私には絶対的な直感と確信があります。それは死と死後の世界についての間違えのない答えだと思います。しかし、それをあなたが聞いてどうするのですか。それを信じて安心するのですか。極楽に行くと言われ、そうですか、良かったと安堵するのですか。私にとっては確実な答えでも、あなたにとっては妄想かもしれません。本当に極楽に行くかどうかわからないじゃありませんか。そもそも方法論を間違えているのです。

——死んだらすべてが終わり、人生は本当に終焉を迎えるということですか。

羅門　あなたは終わりを迎えたくないのですね。

――もちろんそうです。誰でもそうではないでしょうか。

羅門　だとしたら、死後の世界など、己の願望の投影に過ぎませんから、妄想です。

――やっぱり、死後の世界は妄想なのですか。

羅門　そんなことを言ってはおりません!! 死ぬのが恐ろしいから死後の世界を願う、というなら、そんなものは存在しないと申しあげているのです。私が伝えたいことを正確にお聞きなさい。まず、一人の人間の死は、「小さな私の死」であって、本当の私は決して死ぬことはないということです。

――先生、それはレトリックではありませんか。そうやってうまく答えを誘導しようとしているのです。

羅門　いやはや、今回はだいぶ批判的ですね。だが、落ち着いてよくお考えなさい。あなたは臨死体験のことをご存知でしょう。死んでゆくすべての人が臨死体験をするわけではありません。何も体験せずに亡くなる人がおそらく七割以上もおられるのではないでしょうか。これも亡骸《なきがら》に向かって尋ねても何も答えてくれないので、あくまで推定ですが。

しかし、少なくとも二割から三割の人は、死の間際に魂が特別な状態になると考えられます。臨死体験は、脳内物質の分泌によって死の苦痛を和らげ、「次の世界」に向かう手助けをするのだといわれています。だとすれば、なぜ、全員、臨死体験をしないのでしょうか。

――死を迎えるときのタイミングのようなものではないですか。

羅門　違います。臨死体験をしない人は、「霊格」に差があるのです。

――霊格!?

❖霊格とは

羅門　人格という言葉がありますね。人間として行いや考えの優れた立派な人、という意味で使われます。人格に対して霊格は、霊性が際立っている人という意味なのです。霊性は普段あまり使わない言葉ですが、霊はよく聞きます。

しかし霊というと、背後霊や地縛霊からはじまって、亡霊、幽霊、怨霊、死霊など、おどろおどろしいニュアンスがあるので、ここでは霊性と言っておきましょう。霊性は美しい言葉で、英語のスピリット（聖霊）にあたり、この宇宙を成り立たせている根源にあるものです。くれぐれも誤解をしていただきたくないのですが、霊格が高いということは、霊感があるとか人のオーラが見えるなどということと、かかわりがありません。霊格とは私たちの魂の気高さにかかわっているのです。

人格者というのは、だれが見ても立派な人という感じですから、社会的地位も高く、多くの人から尊敬されている場合が多いと思いますが、霊格は必ずしもそうではありません。

地上の価値とは別次元の価値判断がなされているので、社会的地位が低い人が逆に霊格が高いかもしれません。お金も無いかもしれません。美男美女ではないかもしれません。霊格とは、比喩的にいえば、神による価値判断であり、神が定めた魂の位格であって、私たちの価値判断とは大いに異なるのです。霊格を推し測るもっともよい尺度は、他者への愛の深さ、慈悲の大きさでありましょう。

――話の中身がすでに先生の「ラモンワールド」になっています。いったい「霊」ってなんなのですか。その辺からして、怪しい気がします。

羅門　霊は怪しいものではありません。それどころか、人間や哺乳類についていえば、霊はホメオスタシスを司っている生命の最も根源的な働きといえます。ホメオスタシスは恒常性と訳されることが多いですが、生命の最も基本的な機能、つまり体温調節、血圧調節や免疫や排泄といった働きをなしていて、普通、生き物が生きていると感じるのは、このホメオスタシスが機能していることを意味しています。おわかりのように、この機能が失われて、脳内の視床下部や下垂体の内分泌系が停止すると、人は死に至るわけです。

――ということは、寝たきりになって意識のない場合でもホメオスタシスは機能しているわけですね。

羅門　その通りだと思います。思いますというのは、私は医者ではありませんから、正確なことはわからないのですが、たぶんそれで間違いないと思います。ホメオスタシスは機能していても意識のない場合、それを植物人間というふうに表現します。しかし、そうなっても、時には奇跡的に意識がよみがえり、再び家族や愛する者との会話が始まったり笑顔を取り戻せたりすることが本当にあるわけです。すると、その意識の復活や、喜びの心の働きこそが、私たちがいうスピリット、すなわち聖霊だと考えて間違いないのではないでしょうか。それは霊の働きのほんの一部に過ぎないのですが、とりあえずそう理解していいと思うのです。

――すると死に直面し、さらに死のゲートをくぐったのち、その霊が失われるかどうかが、最大の問題なわけですね。

羅門　その通りです。もし、霊の働きが、肉体が死滅したあとでも働いていることが確かだとすれば、私たちは最初の難関を突破できたことになります。臨死体験者の多くは、この地上で生きているときと同じように、あるいはもっと澄み渡った感じで意識が鮮明に働き、肉体から自由になった分、ものすごく頭が明晰になったような覚醒感があるといいます。しかし、一方で、地獄に送り込まれるような感覚を味わう霊魂もあります。

臨死体験を描いてベストセラーとなった『プルーフ・オブ・ヘブン』の著者アレグザンダー先生も、臨死体験の当初は「ミミズの視点」と呼ぶ、地べたを這いずり回るような感覚を味わったと本の中に書いておられます。

――先生、ちょっと待ってください。それって霊魂と称するものが存在するということを前提にしている話ではありませんか。いつから話は、死んだのちにも霊魂があることになったのですか。

羅門　私にとっては、聖霊（スピリット）が存在しない魂など考えられないのですが。

――いや、先生にとってはそうでしょうが、私たち普通の人間には霊魂があるとも、ないとも、何ともわかりようがないのです。そうではありませんか。

❖死生観の変化

羅門　私がそう思う一つの例をお話ししましょう。ベストセラーになった『納棺夫日記』の著者、青木新門さんがテレビでこんなことをおっしゃっていたのです。青木さんは長いこと葬儀の前にご遺体をお棺に納める仕事をしてこられました。その時、不思議なことに気づいたといいます。どんなご遺体も、みな安らかなお顔をなさっている。様々な死があるでしょうが、最期の瞬間はたいてい安らかな顔となり、何か光に包まれるようになって亡くなっていくのだそうです。これは不思議です。病で苦しんでおられたかもしれない。事故や災害でとんでもない状況に遭遇されたかもしれない。でも多くの場合、光りに包まれたようなお顔になってあの世に旅立たれるのです。

青木新門さんは若いころ納棺夫の仕事を始めたら親族一同から蔑《さげす》まされ、一族の恥だとさんざん罵《ののし》られたのだそうです。それはそうでしょう。当時は納棺夫などという仕事は認知されていませんでしたし、最も卑しい汚れた仕事だと思われていたに違いありません。新門さんをいちばん嫌っていたおじさんが病気で亡くなるとき、母親に最後のご挨拶に行ってきなさいといわれて、いやいや会いに行ったというのです。枕元に立つと、それまで危篤状態だったおじさんが、突然、震える手で新門さんの手を握って、「ありがとう」と言いながら大粒の涙をこぼされたのだそうです。そのときの深く柔和な顔が、その後の新門さんの人生を決定づけたと語っておられました。

臨死体験はすべての人に訪れるわけではありません。しかし、どんな人も、死ぬときには安らかな死顔になるのです。そしてすべての人は霊の世界、私は聖霊界と呼んでおりますが、そこにゆくのです。

――　俳優の本木雅弘さんは、青木さんの『納棺夫日記』を読んで打たれ、そして映画の主演をなさいました。『おくりびと』と題する映画ですね。この映画はアカデミー賞の外国語映画賞や日本アカデミー賞を受賞しました。

羅門　いや、あれは美しい映画ですが、しかし原作の『納棺夫日記』がもつ宗教的な深みとは異質な叙情的な作品です。それはともかく、死は、誰にとっても人生で最大の問題だからこそ、原作も映画もヒットしたのだと思います。そうやって死に向きあい、家族で分かちあうためにも、病院で死ぬのはできるだけ避けて、自宅で最期を迎えるようにすべきです。延命治療など、本当は聖霊界の摂理に反しているのですから。

――そうだろうか？　どうしてですか？　家族にとっては一分一秒でも共にいたいと願うのは当然のことではないでしょうか。

羅門　それは人間の勝手な思い込みです。寿命というのは、長短にかかわらず、すべて聖霊界が定めたものですから、それを勝手に変更して、少しでも延命することは重大な違反行為です。

――違反行為？　だったら現在の最先端の医療というのはすべて違反行為ではありませんか。

羅門　その通りです。意味のないことに膨大な費用と時間を使って、無駄な医療行為に心血を注いでいるのです。もちろん、延命治療をして、愛する子どもたちと会うことができ、最期の言葉を交わしたという例もあるでしょう。それはよくわかります。でもたいていは、意識が失われたまま延命していますから霊魂はすでに肉体を離れ、単に肉体だけがそこに残っているのです。何度も申し上げますが、肉体は借り物に過ぎません。魂こそがその人の「本体」なのです。亡くなったかたの肉体にとり縋《すが》って嘆き悲しんでも、その人はおりません。日本人は遺体に対して執着と嫌悪という複雑な感情をもっているので、ご遺体を正しく理解していないと思うのです。

――どういうことですか。

羅門　ご遺体は、いわば抜け殻に過ぎませんから、亡くなったらその人の本体である魂に手を合わせなければなりません。一方で、ご遺体に触れたものを不浄で穢《けが》れたものとして焼き捨てたりしますが、これもおかしいのではないでしょうか。歌にまでなった『千の風』（新井満訳詞）をご存知でしょう。あの詩がなぜ多くの人の心の琴線に触れたかというと、真実を歌っているからです。

私のお墓の前で
泣かないでください
そこに私はいません
眠ってなんかいません

千の風に
千の風になって
あの大きな空を
吹きわたっています

――本当だ。しみじみといいなあ。

そういえば、日本人は死についての意識が大きく変わってきたと思うことが最近多いのです。核家族化して墓の維持が難しくなったり、お墓に入るのではなく、海に遺灰をまいたり、大きな樹木の下に納骨したりといった人が増えてきていることと関係がありそうです。葬儀もむかしほど派手ではなく、できるだけ親族だけで、簡素に執り行いたいという家庭も多いようです。立派な葬儀がその人の最後のステータスであったというような時代は終わりを告げつつあるのではないでしょうか。

羅門　それはある意味で当然のことですね。明治以降のような葬儀が行われるようになったのは、江戸幕府の宗教政策の一環として、寺請制度が誕生してから後のことです。それ以前の庶民は貧しかったということもありますが、贅を尽くした葬儀など行えなかったのです。

檀家制度によって、日本の仏教はある種の「集金システム」へと変貌し、仏教信仰は風俗化し形骸化し、堕落してしまったのです。僧侶の活動の大半が、僧侶自身の救済でも人々の救済でもなく、葬儀を執り行うことに費やされるようになり、収入のほとんどが葬儀や戒名から得られるようになって、仏教本来の魂の救済という役割は忘れ去られ、僧侶自身も何をどう忘却しているかもわからないほどに、釈尊の教えからはほど遠いものになってしまいました。

明治以降の葬儀が、こういったシステムのうえに成り立っていたことを思えば、それが崩壊しつつあるのは当然のことです。衆生と共に苦しみ、衆生の救済のために命をかけるなどという僧侶は、一部の禅宗を除けば、現在ほとんどおりません。

おそらく近いうちに集金システムとしての寺院経営は成り立たなくなって、寺の半数が消滅すると言われています。それは檀家の減少や葬式の簡略化が原因でしょうが、その根本に横たわる原因は、僧侶の堕落、宗教意識のなさなのです。

先ほどお話しした青木新門さんは『納棺夫日記』のなかにこんなふうに書いておられました。

「〈死〉は医者が見つめ、〈死体〉は葬儀屋が見つめ、〈死者〉は愛する人が見つめ、僧侶は〈死も死体も死者も〉なるべく見ないようにして、お布施を数えている」と。

もう一つ変わったのは、医学部の解剖実習のための献体への意識変化です。昔は遺体にメスを入れるなどとんでもないという意識が一般的でしたが、現在は、医学の役に立ち、社会に貢献できるならば、どうぞ私の体を使ってくださいという人が増えているのです。日本人の死生観が、家という単位から個人である一人ひとりへと変化してきたということが背景にあるだろうと思います。檀家制度のように形骸化しているものは滅んでいくべきなのです。古い因習ではなく、本当に魂の奥底から出たものだけが、時代を超えて受け継がれていくのですから。

❖魂はボケない

――ところで先生、不思議に思っていることがあるのです。

私たちが、仮に認知症になったり、脳梗塞などで半身不随になったら、あの世ではどういう自分になるのでしょうか。あるいは耳が遠くなったり、目が見えないで死んだ場合、死後の世界でもそういう状態は残るのでしょうか。脳の機能が衰えたら、そこが死後の世界であるかどうかもわからないのではないでしょうか。

羅門　なるほど、そういう心配をされているのですね。

死後の世界では、すべてが完全な形で存在しています。仮に生まれつき目が見えない人でも、それは今生の身体状態であって、深い意味があってそういうかたちを授かっているのです。その人の本当の魂は常に完全な状態で存在します。身体の不具合の問題は、霊と身体の関係を考えるうえで、とても参考になります。身体というのはあくまで借りのものであって、その人の本当の姿ではないからです。

―― 世のなかは特別な美男美女ではない、普通の人が大部分を占めていますが、私たちは容姿のことですごく悩んだりします。でも、霊界ではすべての人が美男美女なのですか。そしていちばん若々しい年代の姿で現れるのですか。

羅門　いや、それは魂と肉体の関係を完全に曲解しています。魂というものは、いっさいの形を持ちません。聖霊界で地上に降りることが決まり、地上のどの胎児に宿るかが決定した段階で、身体的特徴が決まるわけです。地上の人生は生物の遺伝的な特徴に縛られていますから、一見マイナスに見えることもあるわけです。

――魂は形を持たないのですか。でもそうすると霊界で相手をどう判断するのですか。

羅門　形を持つ必要があれば一瞬で形を形成しますが、そうでなければ形を持ちません。魂は比喩的にいえば、光のかたまりに近いものです。純粋なエネルギー状態ともいうべきでしょうか。この関係はしっかり覚えておいてください。地上の形は、あなたの仮の姿に過ぎないのです。

――でも、お言葉ですが、その人の性質や人柄といったものは、外見や環境とかたく結びついているのではないでしょうか。仮の姿という以上の関連があるように感じるのですが。

羅門　それは魂が聖霊界から地上界に降りるときに、その魂にいちばんふさわしいと思う身体を選択しているからです。でも時々、選択し誤っているのではないかと思うような場合もあります。もちろん聖霊界は適切に判断しているのでしょうが、本当のところは人間にはなかなかわからないものです。

――ところで先生、以前に『人は死なない』という本がベストセラーになったことがありました。人は死なないというタイトルはずいぶんと人間を勇気づける言葉で、編集者として見事なネーミングだと思いましたが、先生、本当のところ「人は死なない」のでしょうか。

羅門　霊魂は永遠に行き続けるという意味では、まさにその通りです。いや、人は死なないのではなく、「人は死ねない」というのが正しいかもしれない。死にたくても死ぬことができません。

だから、人が追い詰められ苦しみのあまりみずから命を絶ったとしても、それはこの世の物質的生命が終わりを告げただけで、その人の霊魂は聖霊界でいっそう苦しむことになります。自殺という最も重い罪で苦しむのです。大きな悪をなした場合と同じように、霊魂そのものを消滅させせられる可能性さえあります。それほど自殺は重大な悪なのです。自殺がなぜ「殺人」かということについては、拙著『魂と死の品格』で詳しくお話ししたように、「本当の私」という真実の自己を「仮の私（たいていの自分というものはこちらですが）」が消滅させてしまうからです。

さらに聖霊界では、この世で行った一人ひとりのすべての行状が、洗いざらい、ひじょうに細かく吟味されます。そしてまるで篩《ふるい》にかけるように、良き魂とそうでない魂を濾《こ》し分けるのです。とりわけ、自分本位の行為がどれだけあったか、他人を傷つけたり押しのけたりしなかったか、そこが徹底的に調べられます。これほど厳格に行われることは他にありません。恐ろしいほど厳しく篩にかけられます。これはよほど考えて欲しいことです。

——先生、ちょっと待ってください。魂は純粋なエネルギー状態であるとか、光のかたまりのようだとか、死後は聖霊界で篩にかけられるとか、こういう類の話が好きな人は、受け入れることができるでしょうが、普通の人から見たら、荒唐無稽な話のようにしか思えません。たいていの人は信じることができないのではないでしょうか。

羅門　なるほど、確かにこれまでは偉大な宗教家が、人はこう生きよ、死後はこうあるだろう、と宣《のたま》えば、みながはっと伏し拝んで、それをやみくもに信じていたわけです。彼が指し示す方向を、それが何であれ信じて安心を得ていたわけです。しかし、現代ではそういう信仰のあり方は難しくなってきています。ある程度きちんと理性的に納得できないと、鰯の頭も信心というふうにはいかなくなっています。確かに、新しいスピリチュアルな運動にとって大切なことは、理性的にも納得できることですね。

——新しいスピリチュアルな運動というのは何ですか。

羅門　既成の宗教の枠にとらわれずに、自由な立場で霊性の問題を考えることを指しています。ここで大切なことが二つあると思うのです。

ひとつは正しく知ることです。何かをやみくもの信じ込んだりすることは危険です。そうではなく落ち着いて冷静に考えることが求められます。もうひとつは、自分で体験してみるということです。いくら頭で考えてだめなのです。それをこういうふうに喩《たと》えてみましょう。

例えば、あなたが砂糖の味を知らないとします。現代は甘いものが溢れていますから、こういう仮定自体に無理がありますが、まあ、甘いものを知らなかったとしましょう。砂糖は口の中がとろけそうに美味しいもので、精製してあるものは白く、口にすることで何ともいえない快さや満足感が得られるなどと、延々と説明しても、あなたには砂糖の甘さの本当のところは何にもわからない。どうしたらあなたは砂糖の味を知ることができますか。

――実際に食べてみたらいいと思う。

❖実際に食べてみる

羅門　その通りです。体験すれば、即座に「甘さ」というものがわかります。千の説明、万の言葉がいかにむなしいかもわかります。霊性も体験するしかないのです。

世界の大宗教の中でも特にヒンドゥー教と仏教には、ヨーガや座禅という徹底した修行方法があり、現在でもそれに取り組んでいる人が世界中におります。禅は日本国内では風前の灯ですが、しかし世界ではそうではありません。禅改め、《ZEN》として、特にキリスト教で座禅を組む人が増えています。これは宗教としての禅ではなく、身体や精神、あるいは魂のあり方として《ZEN》というものが普遍的な力をもっていることを物語っているからです。キリスト教の伝統となんら矛盾することなく、座禅を組んでいる多くのクリスチャンがおられます。

釈尊から脈々と受け継がれた法灯は、こうして意外なかたちで世界に広がりつつあります。

また一方で、ミャンマーやスリランカの上座仏教（テーラヴァーダ仏教）が世界的に注目を集めています。日本では仏教というのは大乗仏教を指しているわけで、上座仏教を小乗と呼んで軽視してきましたが、とんでもありません。テーラヴァーダ仏教こそが、釈尊の法灯をそのまま受け継いでいるのです。アメリカでは非常に多くの仏教書が出版されていますが、そこで注目されているのは、《ＺＥＮ》とテーラヴァーダ仏教、そしてチベット仏教ですね。禅以外の日本の仏教各派のことなど全くといっていいほど触れられておりません。魂の教えとしての仏教を、私たちは大きく取り違えてきたことになります。日本の寺院の半数は今後、世代が入れ替わったら消滅する可能性があります。大寺院はもはや仏像や寺院建築のような芸術的価値しかもつことができなくなるかもしれません。つまり生きた宗教施設ではなくなってしまうのです。

――ところで、キリスト教にも祈りや瞑想の伝統があると思いますが、《ＺＥＮ》とどう違うのでしょうか。

羅門　みずからを極限状態にまで追い詰めていく方法論が、祈りや瞑想では弱いのだと思います。只管打座《しかんたざ》という座禅法はたいへんに厳しいもので、座禅する者は、徹底した修行によって意識や身体が限界にまで追い込まれるのです。その極限の一点を突破すると、いままで思っていた自分とか、世界というものが一気に崩れて、世界が自分であり、自分が世界と一つであるということが、いやおうもなくわかる瞬間が訪れるのです。禅では、そういう状態を見性に達するといいますが、見性に達すると意識の構造がすっかり変わってしまうといわれます。これは、いささかも怪しげでなく、妄想でもなく、単なる脳内現象でもなく、事実そのもの、リアリティそのものです。

インドではヨーガで同じような状態に達している人がいるといわれます。ヒンドゥーの聖者と呼ばれる人たちは空中浮遊したり、手のひらから物を取り出したりできるのだそうですが、《ZEN》と比べるとちょっと怪しげな感じもしますがね。

――　お話はわかりますし、実際そのような修行をする人が世界にはなお大勢おられるということもわかりましたが、私たち普通の人間はそういう厳しい修行をするのは難しいのではないでしょうか。

羅門　なぜですか。あなたが本当に死の先に何があるか知りたいのであれば、命を賭してそのような道に進まれてもいいではありませんか。そうなさらないのは、要するに逃げているのです。

もう一つ座禅しようとするときに障害になるのは、修行するにふさわしいよき禅寺が日本では年々減少していることです。釈尊から受け継がれ、インド、中国を経て日本で独自に発達した《ZEN》の法灯が、わが国では、いま消えかかろうとしています。日本人はこのことをよほど考えなければなりません。

――じゃあ、欧米で《ZEN》をなさっている人はどこで学ばれたのですか。

羅門　日本です。いま海外で活躍している師家はほとんど日本で修行したかたがたです。臨在禅でも曹洞禅でもまだ修行の場が生きていたからです。海外で活躍する日本人の師家も何人もおられました。しかし、いま日本ではその禅の伝統が消えかかろうとしていますから、禅を学ぶために海外に出るようなことになると思われます。それもある意味で、お釈迦様が開かれたお悟りが思わぬかたちで世界に広がっていく一つの契機になるのかもしれませんが。このあたりの事情については、『アップデートする仏教』（幻冬舎新書）に詳しいので是非お読みください。

それから、あなたがどうしても座禅などすることはできないという情けない志しかもてないのならば、永遠をつかんでいる人、永遠に触れている人を師となさい。

——それは思います。訳のわからないものを信じるのではなく、師と仰ぐにたる人を信じるのはすごくわかります。私にとって先生のお話は受け入れがたいところがあるのですが、先生がこの世を超えたものに触れているということはとてもよくわかるのです。

羅門　でも気をつけなければいけないのは、そうやってどれだけ多くの人が、師を盲目的に信じ込んで、その結果、狂信的なカルト集団を形成してしまったかということです。指導者をやみくもにグルと仰ぐようなことを防ぐには、指導者が、みずからを絶対化するようなことを避けなければなりません。本当に優れた指導者は、みずからを神に等しいなどと自称することは決してあり得ません。

❖ここまでのまとめ

――先生、ここまでのお話を少し整理してみたいのです。話が多岐にわたっていて、頭の中がごちゃごちゃしてきました。

一、まず、臨死体験はすべての人がするわけではないが、しかし、すべての人は最期に、それまで経験したことがないほどの厳粛な状態の中で死を迎える。たとえそこまでが苦しくても、最期は安らかな死顔となって、あの世に旅立つことができる。

二、この世の先にあるものは、誰も証明することはできないが、霊的に優れた人や、宗教的な修行を積んだ人は、死後の世界をつかんでいる。多くの人は、厳しい宗教的修行をすることは難しいけれど、死の直前に、だれもが優れた先達と同じような境地に達することができる。

以上で間違いありませんね。

羅門　それでおおよそのところは間違いありませんが、二番目の「死後の世界をつかんでいる」というのは正確ではありません。あの世という場所に行ってきて、そこはこうだったとつかんでいるわけではないからです。ほんとうに宗教的修行を極めたかたは、小さな自分というものがないのです。そのかたも、食事もするでしょうし、便所にも行くでしょう。オナラもするかもしれない。しかし、欲望のあり方が普通とは違うのです。感覚も普通とは非常に違っています。深い愛の気持ちをあらゆるものに感ずるという意味で、臨死体験で人格が変容した人に近いかもしれません。

高い境地の人は、常に宇宙との一体感の中を生きていますし、木々のざわめきや、木の葉の緑、山々の輝きや、子どもたちの笑い声、動物たちの疾駆するさまが本当に光に満ちて見えているのです。その一つ一つが、はかり知れないものから立ち上がっていることがわかるのです。

そうして一番大切なことは、そうした一つ一つのものが、どこからやってきているのかが、手にとるようにわかるということです。世界が神聖であることを、文字通りに受けとめています。

――たいへん美しいお話ですが、そんな人が実際おられるのですか。

羅門　おります。そうでなければ世界を存続させることはできません。ユダヤには、世界は三十六人の賢者によって支えられているという古い言い伝えがあります。その賢者は、自分が世界を支えていることも知らず、また互いを知ることもない。つまり、完全に無垢の汚《けが》れなき魂によって世界は支えられているのです。

――う～ん、ポエジーとしてみれば美しい話ですが、現実に、そのような人がいるのだろうか？

羅門　あなたは、ご自分がそうやって生きておられることがどれほどの深みから立ち上がっているか、たぶん、ご存じないのだと思います。いや、もっとはっきり言うと、ご自分がそこに存在していることの本当の深みを、全く理解していないのだと思います。

死という逆フィルターを通さないと、命が与えられていることも、みずからの死を自分で捉えようとしていることも、どんなにありえないほど凄いことか、わからないのだと思う。あなたは、ありがたいという言葉の語源を知っていますか。有り難い、つまり有ることが滅多にないという意味なのです。ご自分が生きていることの本当の価値、本当の素晴らしさに、何ひとつ気づいていない。

いまもし、そのことに本当に気づいたら、あなたは驚きと恐ろしさのあまり、吹き飛んでしまうでしょう。そのぐらいすごいことなのです。

誰もが、そういうはかり知れない深遠から、存在を与えられ、命を授かっているのです。いま気づかなくても、死ぬ直前になれば、わかるときが来ます。必ずそうなります。だから死は尊いのです。

できれば、もっと早くに気づいて、そうしてこの世を深く味わって、そしてあの世に向けての準備ができるといいですね。そのために、私はあなたにお話ししているのですが。

――そうおっしゃられると、疑い深い自分がいやになります。でも本当に納得できないと先に進めない性分だから、先生、辛抱してください。

羅門　もちろんです、いくらでも待ちましょう。これ以上大切な問題はないのですから。心から納得していただきたいのです。

——私がどうしても納得できないのは、死んで、物質でできている身体が灰になったり、腐って朽ち果てたら、意識もなくなるだろうと思うのですが、先生はそうは思っておられないのですね。

羅門　もちろん、そうは思っておりません。魂は物質ではないので、肉体が滅びても魂は残ります。

——いや、先生、本当にそうだろうか。これって何千年も議論されてきたことで、いまだに決着がついておりません。臨死体験だって、素晴らしい体験をすることは認めるけれど、それが本当に死後の世界を照らしているのかどうかわかりません。単に脳が死滅しようとしている瞬間、苦痛を和らげるために最後に脳内物質を出しているのかもしれません。何も決着がついていないではありませんか。

先生、こうしましょう。こういう問題に決着をつけるためには、科学的な手法を使うしかないと思うのです。

科学的であることを日本人は軽く見ていますが、科学的な捉えかたはたとえようもなく大切です。例えば、雷鳴がどんなものか、なぜあれほど強烈な閃光を放つのか、長いことわかりませんでした。その強大な轟きとスパークに恐怖や畏怖を感じて、これは神の力の顕現だと考えてきたのです。ところが、いまから二六〇年以上前にアメリカのベンジャミン・フランクリンが雷は静電気で生じている放電であることを証明して事態は一変しました。雷雲と地面による巨大な放電ということが理解できたわけです。彼は避雷針まで発明してしまいました。

だからといって、雷が実際に轟音をとどろかせながら鳴り響き、建物や巨木に落雷するさまを目にすれば、だれだって心底畏怖する気持ちになります。科学的な証明によって、雷の威力がそがれたりすることはいささかもないわけです。同じことが霊的な世界についても言えるのではないでしょうか。

まあしかし、私は科学は専門外です。そこで、東大の研究室におられた種市孝さんという研究者に今度、登場いただいてうかがってみたいと思うのです。種市さんは、理論物理学がご専門で、現在ブレーンワールドという余剰次元の研究をなさっているそうです。

羅門　私は、科学というものを全然信用していないのですよ。科学では本当のところはわかりませんからね。ですが、いいでしょう。そのかたにお会いしましょう。

❖死についての最新の物理学的説明

――種市さん、ご足労いただいて恐縮です。

人類は長いこと、死後の世界があるのかないのかに思いを巡らしてきました。しかし、何千年もの間議論しても、結局、何の結論も出ていないわけです。この世とは別に、霊界のような世界があって、人間は死んだらそこに行くのだと主張する人もいます。いや、死んだらすべてがおしまいで何もかもが消え去ってしまうと主張する人もいます。最新の物理学では、物質を超えた次元まで説明できはじめていると聞いたことがあるのですが、この点についてどうお考えですか。

種市さん　まず、信じることと知ることとの根本的な違いについて考えてみましょう。

宗教というのは、信仰を基にしていますから、何ものかを信じているのでしょう。信じるという行為は、意地悪な言い方をすれば、相手を疑わずに思い込むことであり、若干善意に解釈すれば、相手について確信を持つということですね。この場合相手とは、神とか教祖、もしくは教典だと思います。ですから、自分が対象を知るということと、信じるということは別だと思うのです。

神のように、相手を知るということが一〇〇パーセント不可能な場合があります。神という絶対に知りえないものに自分を全面的にゆだねているところに信仰の意味があるように思うのです。全部を投げ出してあなたを信じます、という心的行為の中に、小さな私というものが壊れて、より大きなものに身をゆだねているという安堵感が生まれてくるからです。これはこれで心の大きな支えになってきたのでしょう。いまからわずか二〇〇年ぐらい前まで、ほとんどの人たちは、そういうふうに神や仏を信じてきたのではないでしょうか。

しかし、科学的な世界観が普段の生活の中にも入ってきて、高い空にも飛行機なりロケットなりで行けるようになると、空の上に神様や仏様がいて、私たちを見守ったり罰を下している、という世界観の足元が揺らいできたわけです。西洋では天動説が崩れ、太陽の周りを惑星が回っているということが明らかになった時点で、キリスト教信仰というものは、その権威を著しく失墜させました。

これも本当に馬鹿な話で、天動説はアレクサンドリアのプトレマイオスが中心になって考えられ、それをローマ教会が採用したに過ぎません。イエスはそんなことは一言も言っていないし、ユダヤ教でも言っておりません。むしろ聖書の冒頭にある創世記、つまり天地創造の物語には、まるでビッグバンを思わせるような記述すらあります。

ところが創世記でも、神は天地を六日で創ったと書かれているので、普通の常識を持った人は、聖書がおかしいと感じますし、逆に、聖書をやみくもに信じ込んでいる人は、天地は本当に六日間で創られたのだと、いまだに信じています。そういう人たちは、生命の進化も信じないのですね。

進化論はもはや仮説ではありません。膨大な量の証拠から実証されています。個人的に信じる信じないの選択はあり得ても、学問的には事実として認定され、定説の地位を築いているのです。

科学は、自然現象の徹底した観察、それによる法則化、仮説の提示、そして自然観察によるその検証など、多様な活動によって成り立つ学問です。この厳密性、方法論こそ自然科学の本質であり、例えば誰かが述べた内容をトップダウン的に「信じる」宗教などとは区別されねばなりません。

ところで物理学者や医者など自然科学に携わる人でも、臨死体験その他の体験を通じて「死後の実在」についての確信を持つようになると、「非物質的なもの、非物理的なものが確かにある」などと、現代物理学の否定を目論んだ言明が数多く見受けられるのは残念なことです。誤解を恐れずに言えば、「物質を扱うのが物理学で、物質で汲みつくせない現象は非物理的」などと言う議論は物理学を理解しない、浅薄な議論だということです。魂とか死後を扱う場合、従来それが「非物質」とか「非物理的」などと表現されるケースは多いけれども、こと物理学がそれを研究対象とするのであれば、やはりまずは物質粒子（フェルミオン）と相互作用媒介粒子（ボソン）で記述することを目指すべきでしょう。そして、ここが重要ですが、それがかなわなかった場合、物理学は白旗を上げるべきでしょうか？　そうではありません。物理学は従来の枠組みを超えた、つまり従来の物質の概念を発展的に解消した新たな概念を導入するでしょう。前述の物理学としての方法論を踏み外さないのであれば、扱うのが物質だろうとそれを越えた概念だろうと、物理学は物理学です。森羅万象を相手にし、人類の知識体系に組み入れんとする学問なのですから。

そしてさらに現段階では、たとえ魂や死後存続を扱うにしても、物理学は物質を越えた概念を必ずしも必要としない、と言えます。学問というものは常に発展し続けるものです。この発展に期待する、という態度が重要なのです。現段階で、何か説明できない物事があるから「科学はダメだ」と断ずるのは、決して正しい態度とは言えません。

ビッグバン理論というのは、ほぼ正しいと思われますが、今のところは、状況証拠はそろいつつも、まだ仮説の段階にとどまっています。仮説にとどまっている考え方はいまでもたくさんありますね。私の専門の理論物理学でも、超弦理論や余剰次元という考え方などは、定説の地位を得るには至っておりません。

逆に、二十世紀の重大な科学的発見である相対性理論や量子論は、日常の感覚からはとうてい実感できない事柄を説明していますが、とうの昔に仮説の段階は終わって、例えば、アインシュタインの相対性理論がなければ、カーナビゲーションは正確に働きません。静止衛星から送られてくる電波と車の運動に相対効果によるズレを瞬時に計算することで、カーナビやGPSは正確な位置情報を出すことができるのです。量子論にいたっては、身の回りにあるスマホやパソコンなどすべての電子機器が量子論の原理に従って製品化され、製造されています。

科学でもっとも大切なことは、精密な理論の構築と共に、実験における再現性です。たった一度きりの成果で二度と再現できないのであれば、それがいかに画期的であっても、科学的成果として認知されません。こういう観点からすると、死後の世界について、私が提示している理論は、現段階では実験的検証が待たれる仮説であって、科学として決定的なものではありません。

——ちょっと待ってください。私は、科学的に考えてみる以外に、死後の世界について、正しい判断をくだす術《すべ》がないと思うのですが。

種市さん　一般に心霊体験は、そのほとんどが突発的で一過性のものであり、過去形で語られるしかないものです。なおかつ、体外離脱や臨死体験などのように、人々の主観からスタートする現象を扱うには注意が必要です。このようなものを科学的に扱うには、統計学的手法がとられる心理学研究が参考になるかもしれません。また、生まれ変わりについては全世界で数千例の事例が収集されていますが、報告事例が少ないと、推計統計学のような手法すら使えない可能性もあります。まずは事例収集が大事なのではないでしょうか。

心霊体験全般について言えることですが、語られる体験談は「珍妙で信じがたい」印象を与える内容が多いと言えます。そのため、実際に起きた体験として人々に受け入れられにくい側面があります。加えて、事例収集に難があり統計的手法も使えない、となるとどうなるでしょう。

その極端な例として、ある特異な経験をしたのが世界でたった一人だった、という例を、フィクションですが見てみましょう。

だいぶ前ですが、カール・セーガン原作の『コンタクト』という優れたＳＦ映画ありました。ジョディ・フォスター主演の映画ですね。

主人公の天文学者エリーが宇宙船に乗り込んで宇宙に旅立ち、ワームホールを経由して、恒星ヴェガの天国のように美しい惑星の海岸にたどり着きます。そこでエリーは、亡くなったはずの父親に似た異星人と会話をするという驚くべき体験をします。しかし、管制センターから見たら、その宇宙船は実際には宇宙になどには行っておらず、ただ数十メートル下の海面に落下しただけで、時間も数秒しか経過していなかったのです。エリーの内部では人類が経験したこともないような不可思議な出会いがあったのに、外部の人間には、彼女の経験は単なる妄想だとしか思えなかったのです。

この例は極端な例ですが、臨死体験などは事情が似ていると言えるでしょう。その人の内面には計り知れず重大なことが生じていても、外部からは知り得ません。このような場合を想定すれば、いずれにせよゆくゆくは人の内面で実際に何が体験されているのかを解析する技術が求められるでしょう。例えば数年前に、日本人研究グループがｆＭＲＩ（機能的核磁気共鳴断層画像装置）を用いて、人が睡眠中に見る夢の解読に成功しました。脳の活動部位と、夢の中で見ている映像の内容との対応を見出し、七〇パーセント程度の確率で的中させるまでになったということです。将来的には夢の映像化を目指すのだそうですが、この技術は主観的たる心霊体験にも適用でき、その映像化も期待できるのではないでしょうか。

このように科学は、個人的思い込みなどはるかに飛び越えて発展していくものです。歴史的にもそうでした。現時点での科学の「無能さ」にとらわれず、その発展の可能性に期待したいものです。

幼少期に、例えば顕微鏡で極微の世界に触れた時、「もっと小さい世界はどうなっているのだろう」とか、夜空を見上げて、「宇宙の果てには何があるのだろう」とか思いをはせたことが、誰にでもあるでしょう。興味関心を持ち、追究し、自分なりに一定の解を得た時の喜びを感じたことは、誰でもあるはずです。宗教は人々に生きる意味を見出す大きな手助けとなってきたのでしょう。その意義は確かに重要です。しかし人類の知的好奇心を満たす力は、トップダウン式に神の教えとして「完全な理解」を与える教義より、人類の知の力で努力し解明していく科学に分があるのではないでしょうか。先ほど触れた映画『コンタクト』の中で、主人公の科学者が、宗教学者に、「世界の九五パーセントの人が持っている信仰をあなたは否定しているので、人類の代表とはなり得ない」として、宇宙飛行士候補から外されてしまうシーンがあります。しかしその言い方をするのであれば、人類の誰もが知的好奇心を抱いているのであって、それに挑み続ける彼女には、充分人類を代表して宇宙に旅立つ資格があるのです。

私が追及している問題の一つは、脳の外にも意識の実体はありえ得るのか、という問題です。

羅門　素晴らしい。私は宇宙的な意識というものが、個人の脳を超えて広がっていると考えますが、もし、意識が宇宙に普遍的に遍在することが明らかになったら、死んだあとにもその人の意識が残ることをはっきりと証明することができますね。この世界が物質ではなく意識でできている可能性もはっきりしてきます。

種市さん　私の理論では、脳とは別個に存在する意識の実体も実は物質です。「非物質的なもの」など想定しておりません。ただそれが存在するのは、我々が住む四次元時空ではなく、その外側の余剰次元空間です。

人類はおそらく歴史上初めて、客観的にある程度、この問題を説明し得る入り口のところまで到達しているように感じます。

さっきもお断りしたように、これはまだ仮説の段階ですが、数年前に、私がアメリカの専門誌『Natural Science : Vol.5, No.10, 1127-1131 (2013)』に発表したアイディアをもとにして現在展開中です。その論文に対する物理学者の反応は必ずしもかんばしくはありませんでしたが、脳科学者や工学関係の研究者からは好評でした。

ここでは、人間はなぜ不死を求めるのかということを考えてみましょう。

―― 不死を求めるのは、だれもが死にたくないからではないでしょうか。それはすべての生き物の本能です。

種市さん 生き抜くということは、あらゆる生き物の根本的な本能であり、その力によって、動物も植物も進化の困難な過程を闘い、生き残ってきたわけです。ただ、動物と人間が違うのは、人は、大脳新皮質を持つために時間の先を予測でき、高度な脳機能をもつがゆえに、将来に自分が死ぬということに大変な恐怖心を覚えるわけです。

だから、自己の絶対的な消滅という最も強い恐怖から逃れられないのです。それを埋め合わせるために、さまざまな想像力を働かせてきました。不死の観念、復活の概念は古代からのこうした人類の強い願いによって作り上げられてきたものではないでしょうか。

肉体をそのまま残そうとしたエジプトのミイラなどはその典型です。ミイラの防腐技術も優れたものだったと思います。亡くなった人の魂がやがて戻ってくると信じ、その受け皿を残そうとしたわけです。そのような強い願望の中で、肉体そのものの永続という叶わない願望を希求するのではなく、意識や魂の永遠性を求めるようになったのだと思います。そういう場合、たいてい「霊魂」というものが想定されています。つまり自分は肉体的には死んでもその霊魂は残るというわけです。

羅門　その霊魂が確かに残るということは、私にとっては当然というか、これ以外にありえない真実なのです。もし科学的にも説明できるとしたらすごいとは思いますが、果たしてそんなことが可能なのだろうか。

種市さん　一つの可能性としては考えられます。説明が専門的になりますがよろしいですか。

（……ここからは非常に難解なので読み飛ばしてくださってもかまいません……）

この問題に正面から取り組んだ科学者として最も知られているのは、ケンブリッジ大学の物理学者ロジャー・ペンローズとアリゾナ大学の麻酔科医のスチュワート・ハメロフです。彼らは原意識という、素粒子よりもっと微小なスケールで存在する意識の元を仮定し、これと神経細胞内のマイクロチューブルという微小な管を舞台とした量子重力現象が結びつくことにより、我々の意識が生まれると主張したのです。ペンローズ先生の、意識の計算不可能性が、波動関数の収縮過程を伴う量子力学的な現象から生まれるとする考えが、根底にはあります。

彼らによると、人間が死んだ時、脳内のマイクロチューブルに蓄えられた「量子情報」が宇宙に拡散するというのです。

臨死体験をした人で意識が戻った場合は、宇宙に解放された量子情報がその人の脳に復帰し、意識が戻ると考えたわけです。

――いや、ちょっと待ってください。悪いけれど、おっしゃっていることがよくわかりません。何です、その波動関数とかマイクロチューブルって？

種市さん　申し訳ない。わかりにくかったかもしれません。この二人の一流の科学者は、脳内の情報伝達が、かねてより知られているシナプスによる情報伝達とは異なる「量子もつれ」という現象により行われている、としているのです。また、宇宙のあらゆる空間に、意識情報が非局在化（時空を超えて相互作用が遍在化）していると主張しています。

――うーん、科学者がそういう大胆なことを主張するのか。これって科学界で認められているのですか。

種市さん　残念ながら認められていません。批判が多く、まあ、相手にもされていないというのが正直なところです。私も批判的なのです……。決定的な弱点は、原意識なるものが意識を構成するとして、では、臨死体験を可能にする視覚や聴覚を維持する感覚神経や感覚器官の機能、そして知的活動を、宇宙に放たれた量子情報なるもので、パフォーマンスを損なうことなく維持すると考えることは妥当だろうか、ということです。また、死というイベントと共に、それがマイクロチューブル内から拡散し、蘇生時にはまた元の脳に戻ってくる自然なメカニズムを考えるのも大変困難です。また体温程度の温度のある脳内で、マイクロチューブルというマクロスケールで量子コヒーレンスが維持されると考えることも、絶望的と言えます。

――それでは種市さんはどういうふうにお考えなのですか。

種市さん　私は、「ブレーンモデル」という考え方で宇宙に遍在する意識を説明しようとしています。「ブレーン」は脳のことではなく「膜」のことです。私たちの住む四次元の時空宇宙よりひとつ次元の高い「バルク」と呼ばれる高次元宇宙を考え、その中に我々の住む「ブレーン宇宙」が存在すると想定すると、物理学の基本的な力である「強い力、弱い力、電磁気力、重力」のうち、重力だけが異様に小さい階層性の問題をうまく説明できるのです。この考え方を打ち出している中心人物の一人がハーバード大学のリサ・ランドール先生です。彼女は、二〇〇七年に『タイム』誌により、世界で最も影響力のある百人に選ばれています。

このブレーンモデルを用いて脳から独立した意識を考えている理論としては、ジョン・スミシーズ理論をあげることができますが、ここでは割愛したいと思います。私の理論は、その欠点を解決した「パラサイト・フェルミオンモデル」というものです。これらのモデルは現在の物理学の主流ではないとしても、現代物理学がいよいよ精神の領域にまで迫ろうとしているという予兆だと私は思っています。

もし宇宙が四次元時空間ではなく五次元、あるいはさらなる高次元でできていることが証明できたら、宇宙を捉える私たちの意識も相当な変化を受けるだろうと思われます。

――すみません。できるだけ簡潔に、わかりやすくお願いします。この本のテーマは「死」であって、現代宇宙論ではないので……。

種市さん　わかっています。私たちの住むこの広大な宇宙が、より高次元のバルクから見ると、膜のように、より高次元時空に浮かんでいると考えると、若干イメージしやすいかもしれません。ちょうど三次元空間から見ると、その一つ下の二次元空間は厚みのない平面に見えるのと同じ理屈です。私たちの巨大な宇宙が、より高次元の宇宙に膜として浮かんでいる。バルクを舞台とした登場メンバーは、このブレーンの他に、物質を構成する粒子（フェルミオン）と、重力や電磁力などの相互作用を伝える粒子（ボソン）ということになります。

――失礼ですが、おっしゃっていることがまったくわかりません。人間の「死」と、どういう関係にあるのでしょうか。

種市さん　もうちょっとお付き合いください。フェルミオンのうち、ホストフェルミオンと呼ばれるものは我々の身の周りの物質を構成する粒子ですが、そもそも物質が存在するという事実は、ブレーン理論的には、ブレーンにホストフェルミオンが「捕らわれる」という形で表現されます。それに対して、パラサイトフェルミオンと呼ばれるものはホストフェルミオン同様物質粒子ですが、ホストフェルミオンに寄生する形で、ブレーンから余剰次元方向にずれたところで安定的に存在します。わかりにくいのは百も承知なのですが、これはきちんと数学的に表現することができます。このブレーン、すなわち我々の住む四次元宇宙から離れた位置にあると予想される**パラサイトフェルミオンが我々の意識を構成し、かつホストフェルミオンと結合するということが、「霊性」が「身体」に宿る**ことを物理学的に記述していると考えられるのです。

つまり、**「死」とは、ブレーン理論でみる限り、パラサイトフェルミオンがホストフェルミオンから結合を解かれ、余剰次元空間に放たれる、**と言うことを意味しているのではないでしょうか。

――ああ、やっと死の問題が出てきましたね。でもこれは、従来の宗教的な教えでもあったように思います。人間の魂は死によって本来あるべき場に帰る、ということを物理学的に説明しているということなのですか。

種市さん　そうです。スピリチュアルな世界のことに関心のある人はたいてい高い次元という言葉を使います。それは科学的なものではなく比喩的に使っているのだと思いますが、私の場合は比喩ではなく、科学理論として高次元を捉えると説明しやすいということなのです。

――おっしゃっていることはわかるのですが、仮に高次元だとしても、それもあくまでも物質的なものではないのでしょうか。

種市さん　物理学的には次元に「物質的」、「非物質的」の区別はありません。粒子に物質粒子であるフェルミオンと、相互作用を媒介し物質には区分されないボソンの違いはありますが。

羅門　少しいいですか。私は科学は苦手なのですが、ちょっと一言……。

次元というものは何らかの大きさ、つまり物理的な大きさを持っているのではないでしょうか。仮に三次元の空間を考えても、縦・横・高さというもの、つまり物質が存在する空間的な広がりを想定しています。フェルミオンの相互作用とおっしゃるけれど、むしろ大きさを持たない《情報》のようなものが種市さんのおっしゃるパラサイトフェルミオンに近いのではないでしょうか。《情報》ということを私たちは軽く考えすぎているきらいがありませんか。遺伝子にしても、ものすごい情報量を持っているだけでなく、遺伝子そのものがものすごい情報によって創られているわけです。すべてのものがそうです。すべて存在するものは何となくあるわけではなく、そこに整然とした膨大な秩序、つまり情報を内包しているに違いないのです。それがなければどんな物質だって形成されないのだと思うのですが。

種市さん　パラサイトフェルミオンモデルと、「情報を根源」とする世界観との兼ね合いを私自身も考えてみたいと思います。

それでは今日はこの辺で失礼します。

——＊——＊——

羅門　いやー、難しい話でしたねぇ。しかし、種市さんとお話できてよかった。科学者の中にも科学の限界ということをきちんとふまえている人がおられるのは嬉しいし、最先端の物理学が、スピリチュアリズムと接近し始めていると知ったことは喜ばしいことでした。私は科学というものを信用していないので、これまで科学的見解というものを嫌ってきましたが、少し考えを変えた部分もあります。それともうひとつ、お話を聞いていて思ったのは、情報ということに大切さですね。

――情報って情報化社会の情報ですか。

羅門　もちろんそうなんですが、そもそも世界中の情報がなぜこれほどデジタル化されて集約化してきたのか。なぜ情報、情報って叫ばれているのか。この一連の流れのほんとうの意味に私たちはまだ気づいていないのかもしれない気がします。

こう言い直してはどうだろう。情報が世界の根源にあるのではないだろうか。インド的に言えば「ブラフマン（宇宙の根本原理）」が、キリスト教的に言えば「ロゴス（ことば）」が、いずれも広い意味の情報ですよね。ヨハネの福音書の最初には「はじめにロゴスありき」とはっきり書いてある。このロゴスというのは、世界を根源的に形成していく秩序であり、さっきの種市さんの言葉でいえば、相互作用かもしれない。

――なるほど。そういえば私は面白い話を聞いたことがあります。オーロラの光を高感度デジタルカメラで記録して、そのまま再生すればもちろん映像が再生されるわけですが、これはデジタル信号だから音楽にも変換できるし、別な画像にも変換できるらしいのです。そうやってオーロラを音楽化して聴いてみると不思議な調べになるというのです。これはオーロラだけでなく、どんなことにも当てはまるらしい。例えば、モーツァルトの音楽を映像化するとか、モンドリアンの絵を音楽化するとか。つまりデジタル化された変幻自在な根源情報というものがあって、それはどんなアナログ信号にも変換できるわけです。

羅門　その根源情報というのが、ロゴスとかブラフマンとか呼ばれる働きかもしれない。仏教の『大乗起信論』では、「真生未分の一心」といって一真如こそが、あらゆるものの根源にある神聖な働きだと説いています。そして聖霊界の働きの基にあるものも、この根源情報なのです。

――そういう宇宙に内在している根源情報のもとに私たちは死んだ後に帰るというのが本当のところではないでしょうか。

羅門　その通りだと思う。人間がこの世に別れを告げるとき、その人が意識がはっきりしているか否かにかかわらず、その人の全経験、全知識、全記憶が、先ほどの種市さんのお話のようにこの地上の次元から解き放たれて、より高い次元の中心近くに戻っていくのです。戻るということは、私たちの魂はそこから来ているからですね。彼の理論はまだ未完成だと思いますが、しかし、霊魂というものは決して失われずに聖霊界に帰っていくとする私の考えとぴたりと重なっていました。だからこそ、人間の一生涯は、大変な意味と重さがあるのだと考えられます。地上界から見て、一人の人間が誕生し、意識を持っているということは、このようにはかり知れない意味があるのですが、私たち人類はまだ幼すぎて、このことを十分に消化し切れていない気がします。

種市さんと、お話ししながら、気がついたことがあります。先ほどの物理学者の種市さん、あのかたの話はほとんどわかりませんでしたが、でも話は不思議なインパクトを持っていて、私もある種のインスピレーションを受け取りました。この現実界をさらに包含する五次元宇宙というものがあって、その次元をひとつ落とした界層でこの世界が成り立っているというのでした。確か「ブレーンワールド」とおっしゃっていましたが、その高次元領域からみたら、この世の現実界というのはある種のバーチャルな虚構世界ではないでしょうか。たいていの人は、あの世が虚構の世界だと思っていますが、逆なのです。

その五次元宇宙の何らかの働きで、この地上界、現実界が、三次元空間に投影されて、それを現実界と思い、そこに私たちが生きて、喜んだり悲しんだりしているに違いありません。ちょうどプロジェクターや映写機のようなものです。スクリーンに投影された映画を見ていると、私たちはその中に入り込んでしまってリアルな世界に生きているような気がします。しかしスクリーンは平面ですから三次元の次元をひとつ落として二次元の平面を見ているに過ぎません。映画を見終わると感動や高揚感と共に、映画館の外に出たとき奇妙な違和感が感じられるのは、虚構と現実が入り混じるだけでなく、次元が交差するためではないでしょうか。

私たちの現実界とは、さまざまな素粒子を駆使して投影されているある種の超精密、超巨大な幻影装置（プロジェクター）なのです。まあ、恐ろしいほど精密にできていて、原子といっても想像できないほど微小ですから一見バーチャルには見えない。人間の感覚は鈍いのである限界以上細かくなると作り物かどうか区別がつかないので、オフセットできれいに印刷されたカラー写真というものはどんなに精細に見えても、ルーペでよく見ると三原色のツブツブだらけでびっくりします。感覚が幻影を生み出しているのだとよくわかります。

このことはあらゆる宗教が伝えている真実です。ヒンドゥー教や仏教では、この現実界をはっきりと幻影（マーヤー）として捉えています。実は、この宇宙全体が五次元宇宙から投影されているマーヤーなのではないでしょうか。

死ぬというのは、先ほどの種市さんの話では高次元宇宙の中心近くに戻ると言われていたように思うのですが、私の実感でもまさに同じです。

さて、私たちが聖霊界に帰ってから、一番最初に直面することは何だと思いますか。

――地獄の閻魔大王のような恐ろしい存在に、自分の人生を取り調べられるのではないでしょうか。

❖篩《ふるい》にかけられる

羅門　その通り。もちろん冥界や地獄界の入り口に閻魔大王が待ち構えていて、ウソつき人間は地獄で舌を引き抜かれるわけではありません。それは他愛のない俗説です。というより、実際には、さらに厳しい事態に、死んだ者は直面するのです。

自分の一生の体験を、一瞬一刻の漏れもなく、すべて再現し見せつけられるのです。あらゆる場面が、どんなつらい状況も、どんな恥ずかしいことも、いささかの漏れもなく見つめることになります。一生分のとんでもなく長大な時間がかかるのかと思われるでしょうが、それが一瞬で終わってしまうところが不思議ですね。時間というのは、この世のものであって、聖霊界には時間というものはありません。

この生涯の追体験で一番衝撃を受けるのは、己というものが、どんなにあさましく利己的で、意地汚く他者のことなどひとつも思いやっておらず、**ただ自分の欲のためだけに振る舞い、ずる賢く立ち回ってきた**かという事実を、赤裸々に突きつけられることです。

自分が、いかに愛を欠いていたか、いかに暖かい心を失っていたか、追体験をしながら相手の痛みを如実に感じ、初めてそれを知るのです。この共苦共感の感情は地上ではほとんど持つことができません。

地上で成し遂げたあらゆる成果、政治家としての業績や、企業人として、学者としてどんなに大きな業績を残しても、何の評価も与えられません。一介の無名の人間に終わろうと、それも問われません。もちろん無名であっても、それが己の怠惰によるのであれば、それは厳しく叱責を受けます。向上し上昇することが聖霊界の至上の価値だからです。聖霊界は怠けることができない。同時に、潑剌《はつらつ》とした好奇心と向上心に満ちた世界なのです。

よく聞きなさい。ひたすら凝視されるのは、その人の霊の状態なのです。気高い、愛に満ちた、まっすぐな心を、地上でわずかでも持ちえたかどうか。他者に対して、優しい愛の行為をなしえたかどうか。弱い者、悲しんでいる者に手を差し伸べたかどうか、それがひたすら問われるのです。愛があるかどうか、それが、その人の霊格です。その霊格によって、聖霊界の進むべき位置が決まるのです。聖霊界が必死に求めているのは、ただただ霊格の向上であり、気高い魂です。人間に真善美の基本的な感受性が備わっているのは、まさにそのためだったのですが、生きている間はいささかもこのことに気づきませんでした。

このことをよく覚えておきなさい。この地上の過ごし方で聖霊界の行くべき界層が決まるのです。あちらに行ってからあわてても手遅れなのは、この意味においてです。今、この瞬間を、どう生きているかが、そのまま聖霊界の位置を決めているのです。

さらに厳密に申し上げるなら、私たちは、死んでから聖霊界に行くのではありません。今、この瞬間に、聖霊界と共にあるのです。なぜなら、この地上界は聖霊界によって生み出されているからです。そこを間違えてはなりません。あの世は死んでから行くべき場所ではなく、あの世がこの世を生み出しているのです。

❖向上することの意味、聖霊界の本質

ここで私が主宰している八尊光倫会で描いている死後の世界についてお話ししたいと思い

ます。八尊光倫会の聖霊界文字曼陀羅の図（八一頁）をご覧ください。この文字曼陀羅は人が死後に戻るところを模式的に示したものです。

この図の下方にある「地上現世人界」が私たち人間が生きている現実界です。私たちは死ぬと、そのすぐ上の「修層聖霊界」というところに最初に戻るのです。どんなに霊格の高い人も低い人も同じようにこのゲートをくぐります。ここで、人間界から戻ってきた魂を入念にチェックし、その人生の全過程を詳細に検証するのです。聖霊界があなたを調べて篩《ふるい》にかける作業は、まことに入念かつ厳格であって、どんな細かな行為も見逃していません。善行と共に他者に対して行ったあらゆる悪行が全部精密にスキャンされています。

まことに、この瞬間、全宇宙の目的が明らかになるのです。地上界では人を騙《だま》したり、傷つけたり、支配したり、もう数え切れないほどのさまざまな悪が平然となされています。それが当たり前のようになっています。しかし、修層聖霊界では、その一つ一つが恐ろしいほど厳密に精査され、なぜそうしたのかが問われるのです。さらに、傷つけ支配した相手の痛みが我がことのように実感をもって感じられます。この時、はじめて自我の持つ頑《かたく》なさに気づくのです。聖霊界では自他の壁はやすやすと超えられてしまい、相手の痛みは我が痛みそのものとなるのです。

精霊界文字曼陀羅

第四随縁外宙界
第三随縁外宙界
第二随縁外宙界
第一随縁外宙界

外宙聖霊界（他宙界）

極明聖霊界

円極鄰格聖霊界
新生滞宙魂層界
沈空不智霊界
教化地霊界
梵聲偶縁聖霊界

光明如意来護成聖霊界
守護佛菩薩如来滞宙聖霊界
佛性霊魂滞宙聖霊界
光音天上悟法層界

光層聖霊界

第三実層聖霊界（浄魂第三層界）
第二実層聖霊界（浄魂第二層界）
実層聖霊界　第一実層聖霊界（浄魂第一層界）

第三修層聖霊界（浄魂第三層界）
第二修層聖霊界（浄魂第二層界）
修層聖霊界　第一修層聖霊界（浄魂第一層界）

地　上　現　世　人　界

不成幽途界（地獄界）
撼闇冥幽途界（地獄界）
因成幽途界　（地獄界）
不生無間業消滅界（地獄界）

聖霊界文字曼陀羅の図

悪というものが、この瞬間、はっきりと、恐ろしい力をもって迫ってきます。なしてはいけなかったことが慄《おのの》きと共にわかるのです。しかし、これは道徳的な意味とはいささかも同じではありません。聖霊界の悪は神の透徹した目から見た悪であって、人間界の法律的なものとはかかわりを持ちません。罰ということもありません。しかし、相手の苦しみを自らが背負うということが、とてつもなく重さをもち、言いようもなく苦しいのです。

さらに、許されない悪を行ったものは地獄界へと落とされます。地獄界は不成幽途界から不生無間業消滅界に至る四層から成っていますが、いったんここに堕ちると地上に輪廻転生することが難しくなります。それだけではありません。地獄界はブラックホールのようになっていて、魂そのものが吸い込まれて消滅してしまうといいます。吸い込まれたら、その魂は永遠に消滅し、二度と再生することができません。

この輪廻転生の機会を失うということの意味を理解してほしいのです。本来、人間とは何回も何回も死と再生を繰り返し、少しずつ少しずつ魂の質をあげていくようにできているのです。この霊格の上昇、つまり霊格を高めていくことが人生の最終的な目的であり、宇宙の最終的な真理の到達点なのです。

今度は文字曼陀羅（八一頁）の上の方をご覧ください。光層聖霊界から上方は極めて波動の高い領域で、霊格の本当に高い者だけが入ることを許されます。霊格は振動数と比例していますから、魂の波動はいよいよ精細となり、非常に高い振動数を持つようになると、あらゆることが光り輝いてくるのです。みずからも光り輝きながら霊妙な音も奏でるようになります。うっとりするような心地よい霊妙な音が魂の動きにあわせるようにかすかに鳴り続けるのです。聖霊界文字曼陀羅図に「光音天上悟法層界」と書かれているのがまさにここに当てはまります。驚くべきは、さらにこの上方に幾重にも界層が広がっていることです。それは人類がまだ未踏の、あの聖者たちも到達したことのない世界なのです。未踏なのは、おそらく人類が誕生してまだ間もないからですね。霊性を身につける充分な時間が経っていないのです。

私たちがさらに霊的に進化して、慈愛に満ちた気高い魂を持つようになれば、遠い未来には、多くの人々がここに集うようになるのかもしれません。

詩人の宮沢賢治は『農民芸術概論綱要』の中で次のように歌っています。

「世界がぜんたい幸福にならないうちは個人の幸福はあり得ない
自我の意識は個人から集団社会宇宙と次第に進化する
この方向は古い聖者の踏みまた教へた道ではないか
新たな時代は世界が一の意識になり生物となる方向にある
正しく強く生きるとは銀河系を自らの中に意識してこれに応じて行くことである
われらは世界のまことの幸福を索ねよう　求道すでに道である」と。
詩人の直感というものは恐ろしいほど鋭いものです。

ここでも宇宙の進化の方向がはっきりと見てとれます。それは千年とか万年という単位ではなく、幾十万年、あるいは幾百万年もの膨大な時間が必要かもしれません。そして何回も何回も輪廻転生を繰り返しながら、一歩一歩、光層聖霊界から極明聖霊界、随縁外宙界へと連なる崇高な領域にわれら人類はその魂の霊格をあげてゆくのです。

弥勒菩薩は、五十六億七千万年の修行を経て、この世界に弥勒仏として出現するとされていますが、そのぐらいの時間を経た後に、人類よりはるかに進化した霊的な生命体がこの世に存在するだろうことは、間違いありません。その時点で、聖霊界自体も大きく変容しているだろうと思うのです。その無限の彼方にむかって弥勒菩薩や普賢菩薩が今なお修行を続けておられるのです。

——なにか壮大な交響曲でも聴いているようなお話です。

羅門　単なるつくり話をしているのではありません。人は死後、どのような世界に到達するかという事実をお伝えしているのです。あなたは何も信じようとなさらない。それは別にかまわないが、しかし、こちらは事実をお伝えしているのだから、受けとめてくださらないと、あなたにとってマイナスだろうと思うが、どうだろうか。

——私は先生のお話を疑ったりはしておりません。しかし、先生のおっしゃることはあまりに美しく壮麗な内容で、それがこの世界をほんとうに創っている根源にあるものなのか、にわかに信じられないのです。この世界は虚構に満ちています。醜いおぞましい世界です。しかし先生は世界を創る聖霊界は、真善美に輝く気高い世界だとおっしゃる。だったらどうして、この現実界も美しくはないのですか。邪悪さや戦慄すべきできごとばかりが溢れ返っているのですか。

羅門　なるほど。あなたはこの世界を邪悪で醜悪だと断定なさる。確かにそういう面はあります。しかし、現実界が存在している意味は、まさにそのような負の側面にあるのだということを、以前にお話ししたように思うのです。それが、聖霊界が現実界を生み出している理由なのですね。天上界はあまりに美しく穏やかで葛藤も動きもありません。向上しようとする動き、上昇しようとする動きは、対立する要素があって初めて生じてくるのです。善と悪、清澄と汚濁、美しさと醜さ、光と闇のように対立する要素があって初めて静寂から動きが生じ、その運動の中から徐々に上昇運動が生じてくるのだと考えられます。

――えっ、ということは、この現実界というものは、聖霊界に対して何か必要な役割を担っているということなのですか。私たちの現実界がないと聖霊界が困るのでしょうか。

羅門　いや、困りはしません。まったく次元が違うのですから、なにも困りはしません。だが、聖霊界にとって地球の現実界が必要であることは間違いありません。これを比喩で語ることは至難の技ですが、あえていうならば、地球という惑星は「魂を磨く学校」だったはずなのです。非常に手をかけてここまで育ててきました。宇宙の時間では何十億年もの時間をかけています。といっても聖霊界の時間で言えばほぼゼロなのですがね。

そうやって、育ての場としてさまざまな環境も整えてきました。皆さんはご存知でしょうが、太陽系の惑星といえども、これほど美しい惑星は他にありません。たいていは極端に凍りついているか、巨大なガスの塊のような過激な環境ばかりで、とうてい学校には使えないのです。ところが地球という学校を見てご覧なさい。澄んだ青い空。清らかな水の流れ。壮大な針葉樹林や深い広葉樹林。崇高な山々。美しい花々。甘い果物。そしてそこに生きる無数の獣から魑魅魍魎《ちみもうりょう》に至る生き物たち。

この「地球学校」のありえないほどの環境を、生徒である人間たちはどうしましたか。この整った環境の、宇宙でもめったにないほどの最上の学校をどのように扱ったでしょうか。そのことごとくを破壊してきたではありませんか。

澄んだ青い空はＰＭ２・５のような排気ガスで汚染され、清らかな水の流れは腐臭を発する工場廃液や家庭汚水でヘドロと化し、壮大な森林は次々と伐採されて砂漠化してしまい、大自然に生きる動物もほとんど殺戮されて絶滅寸前となり、青い海、緑の森で覆われていた地球は赤茶けた荒涼たる惑星になりつつあります。そのすべては人間の果てしない欲望と自己愛のためではないでしょうか。

人類は「地球学校」で魂を向上させるために聖霊界から送り込まれてきたはずなのに、学校の備品、つまり地球の資源を勝手に奪い取って、その教育環境をめちゃめちゃにしたわけです。自分が育った学校の備品を勝手に使ったり持ち去ったりすることが許されるでしょうか。だが、現実には、人間という極端にできの悪い生徒たちによって、「地球学校」は学級崩壊寸前のあり様です。

この地球という惑星は、聖霊界という高次元の世界が人間の魂を向上させるために生み出した「特別な学校」である、という意識がまず人々に広く知れ渡ることが先決なのです。

私が不思議でならないことがあるのです。例えば、私たちが森を散歩していたとしますね。天気のよい日に、広い草原を抜けてやがて森に入っていきます。巨大な杉が林立してどこまでも続いています。耳を澄ますと小鳥たちが休みなく囀《さえず》り、虫たちが奏でる歌も聞こえてきます。さらに歩みを進めると鬱蒼《うっそう》とした森が突然開けて、そこに質素だけれども大きな木造の建物があるではありませんか。教室のような窓が続いています。きっと何かの学校に違いないと近づいていくと、誰もいない校庭の端に「地球学校へようこそ」と書いてあったのです。

――えっ、先生そんな場所に行ったのですか。

羅門　いや、冗談です。でも、もし森の中の開けた場所にそんな建物があったら、どんな人でも、これは誰かが建てたに違いないと思うでしょう。そんな建物がだれの手も借りずに森の中で自然に建つわけがありませんから。私は本物の『地球学校』についても同じことが言えるのだと思うのです。これは本当のところ誰が建てたのだろう。私たちはぼんやりとこれはずっと昔から何となくあると思っているけれど、とんでもありません。これは何者かによって創られたものなのです。

――誰にですか。

羅門　私の言い方では聖霊界にです。神によってといってもよいと思います。この創られているという「被造の感覚」を持つことが、死を前にして最も重要なことですね。

——被造の感覚？　聞き慣れない言葉です。

羅門　被造とは自分が創られているという意味です。あらゆるものは創られているのであって自分が作っているわけではありません。例えば、ご自分の手の平を見てご覧なさい。あなたの手の平は誰の手ですか。

——むろん私の手です。

羅門　あなたはご自分の手だとおっしゃる。しかし、その手を、あなたはご自分で作ったわけではない。いったい誰が創ったのですか。

——いや、そういわれても、ちょっと答えようがありません。私が食べた物が私の手を作ったのかな。

羅門　もちろん食べ物が手を作ったわけではありません。この考えを突き詰めていくと、いったいこの世界を誰が創ったのか本当のところは答えようがないということがわかります。先祖が作っているわけでもありません。それは創られたものを受け継いできただけです。

実は、人が死ぬということは、その創り手の元に返るということなのです。わかりにくいかもしれないので、別の形で考えてみましょう。あなたにとって最も理想的な死にかたというのは、どういうものですか。

――理想的な死にかたですって⁉　いや、そんなこと、もっと答えようがないではありませんか。そもそも死にたいと思っているわけではないので、理想的な死にかたなど思いつきません。せいぜい、苦しまずにぽっくり逝ければいいですよね。多く人はそう思っているのではないでしょうか。

羅門　私もそうだと思う。そしてできれば、自分が生きた証しを何らかの形で、この世に遺したいと思っているのです。

例えば、建築家や画家であれば、優れた作品を世に残すことによって、少なからぬ人がその作品を見たり触れたりすることで、その芸術家の魂を後代にわたって伝えることができるわけです。学者であれば、偉大な発見や発明をして、その功績を多くの人が享受し、その精神を受け継ぐことができるかもしれません。政治家であれば、危機的な国の状況を回避したり、国家を繁栄させることによって多くの人がその偉大さを伝えていくことでしょう。

でも、芸術家でも学者でも政治家でもない普通の庶民はどうでしょうか。いや無名の庶民だって、愛する家族に看取られながら、自宅で最期のかけがえのない時間を共に過ごし、心置きなく死を迎えることは決して不可能ではないはずです。さらに愛する人の写真や遺品、そして限りない思い出が、きっと残された人の気持ちを慰めてくれるでしょう。これが多くの人の願っている理想的な死のあり方ではないでしょうか。

これに比べると野たれ死んだり、巨大な災害で行方不明になったりすることは悲惨極まりありません。名も亡き人が誰にも看取られずに誰にも悲しまれることもなく山野で野たれ死んだらその人の生はまことに無惨で無駄死にだったといえるのではないでしょうか。きっとほとんどの人はそう思っているのだと想像するのです。

だが、事実は違います。

聖霊界の見方は違うのです。

聖霊界が見ているのは、その人が聖霊界に戻ってきたときの魂のあり方であって、それ以外の業績も愛する人たちも故人の遺品も一切見ることはしません。生前の業績も一切考慮しません。この地上で、どんなに偉大な業績をあげた人でも、まったく無名の人でも何の区別も差別もありません。あるのは恐ろしいほど徹底して、魂の状態、つまり『霊格』だけなのです。優れた霊魂がほしい。気高い魂が必要なのです。

聖霊界の役割はただひたすら魂の浄化にあって、それ以外の役割は担っておりません。この世とはまったく別な原理で動いているように思われるでしょうが、実はそれも逆なのです。この世は何度も言うように、聖霊界が創りだしている世界ですから、私たちの心理的な傾向や、物質界の構造までもが、聖霊界によって生み出されているわけです。では、なぜ聖霊界が生み出しているものが大元の世界と違うものになっているのかという疑問が生じるだろうと思います。ここに、この世界の複雑さと謎があるのだと私は思っています。

先ほど、この世界を「地球学校」と申し上げましたが、少し見方を変えるとこの世界は「魅惑ランド」なのですね。もう果てしないほどの美しさや魅力や楽しさが溢れかえっています。またその逆におぞましさや憎悪や苦しみがひしめいています。それは人間が五感による感覚によって常に振り回されているからです。おいしいものを食べたい、美しいものを愛でたい、心地よいものを触っていたい、逆に不快なものは触れたくないなど、実に果てしのない欲求に埋め尽くされているのです。お釈迦様はこの問題を底の底まで見抜いておられました。だから、精神を集中し、修行を課することによって、魂が感覚のために無駄に振り回されるのを防ごうとなさいました。

私たちが、死に際し、あの世に持っていくべきものがおわかりいただけましたか。

――はい。今度は素直にわかりました。

❖死は脱皮であり、新たな始まりである

羅門　そろそろこの章のまとめに入りましょうか。誰もが死は終焉《しゅうえん》であると思っています。楽しい思い出や輝かしい業績やいくばくかの蓄えや何より愛する家族に別れを告げなければならないのが辛いと思っています。この珠玉の美しさに満ちた世界を去りたくない、できればこのまま永続したいと願っています。だがどんなに願ったところで、必ず終わりの瞬間がやってきます。そしてたった一人でさびしい死の世界に旅立たなくてはならないと、たいていの人は思っています。病に打ちひしがれている人であれば、あるいは一人では負いきれないほどの苦しみを背負っている人であれば、この世に別れを告げるのもいくらかは気が楽になるのかもしれませんが、もしすべてに恵まれていて、ただ老いだけがやってきてこの世に別れを告げなければならないのなら、死は本当にごめんこうむりたいのです。永遠に生きていたいと願うことは当然ではないでしょうか。

人類が長いこと願ってきた不死の考えとはこういうものだろうと思います。だれだって愛

するものと別れなければならないことを納得できるわけがありません。おそらくほとんどの人がそう感じているという意味で、死を嫌い、不死を願うのは、人類に普遍的な感情だろうと思うのです。

だが、この考え方は間違ってはいないとしても、正しくはありません。なぜなら、この世界の本当のリアリティは物質界にではなく、「こころ」、あるいは「意識」にあり、それは物質ではないからです。だからこそ永遠に失われず、この世の終わりまで働くのです。その世界を私は聖霊界と呼んでいるのです。

聖霊界から見るとこの世界そのものがある種の幻想であることがわかります。幻想といっては語弊《ごへい》があるかもしれません。極めて精緻にできあがっており、これほど見事なものが幻想であるとはいくら私でも断定はできないからです。しかし、この現実界は永遠にとどまるべき場所ではないのです。

この世界を賛美し礼賛するのはもちろん間違ってはいません。しかし、もし私たちが聖霊界の荘厳さや美しさを知るなら、この世界のどんな風景もどんな建物も色褪《あ》せて見えるに違いありません。圧倒的なまでの違いがあって、死後のリアリティのほうがはるかに素晴らしいものなのです。私たちがむやみに死を恐れるのは、この一点についての確信が持てないからです。

私たちの肉体とはある意味で牢獄のようなものです。人は死によって牢獄から解き放たれ本当の自由を手に入れることができます。牢獄から解き放たれて広大無辺の世界に旅立つことがどんなに素晴らしいか、それを無数の臨死体験が明かしています。

繰り返しますが、生命の基盤と霊魂の基礎は絶対に物質的なものではありません。物質は単に道具に過ぎません。どんなに元素を混ぜ合わせても、生命やこころや霊性は誕生しません。なぜなら、「いのち」や「こころ」や「霊性」こそが、最初からあり、根源にあるものだからです。

死ぬというのは、その最初からあった源へと還ることであり、永遠に不滅なものとひとつになることです。死は絶望ではなく新たな世界への旅立ちであり、大いなる始まりです。

ちょうど蝶がサナギから抜け出し、広い世界に飛び立つように、私たちは新たな世界に向かって脱皮してゆきます。その身悶えるような脱皮の過程を、私たちは「死」と呼んでいます。死は、この世の人にとっては悲しく絶望的なことに思えるでしょうが、迎えるあの世の霊たちから見れば、これほど喜ばしく嬉しいことはありません。

第二章　慟哭の歩み

第二章は本題である死のテーマから離れて、著者の少年時代の思い出を綴ったものである。主題が違うことを訝《いぶか》しく思われるかもしれないが、お読みくだされば、ご納得いただけると思う。

著者は幼少のころから死と隣り合わせの中を生きており、その極北の経験を通して、独自の死生観が育まれたのである。

❖貴種流離譚

このことはかすかな記憶しかないのですが、幼いころ私は近所の材木屋さんに助けられ、九死に一生を得たのだそうです。

母に背負われて、たぶん眠っていたのでしょう。すやすや眠入っている私を胴着に包《くる》んで、そのまま長良川のほとりから押し出したのでした。

浮いたまま私は流されていきました。川の緩《ゆる》やかな流れにのって両岸がゆっくりと後方に去っていきます。はっと気がつくと、薄暗い黄昏どきの長良川を私は仰向けに浮かんだまま流れていくではありませんか。背中の方から冷たい水の感触が上がってきます。もがいたように思いますが、はっきりとした記憶はありません。このままどこまで流れていくのか、どうなってしまうのか、不安が襲ってきように想像しますが、これもはっきりしません。そのときの恐怖心を、たぶん私は意識の深くに圧《お》しこんでしまったに違いありません。

しばらく流されていた次の瞬間、私は何ものかにつかまれ、胴着ごと釣り舟に引っ張りあげられたのです。このときのことは不思議に覚えています。力強い腕に抱きとめられたのですが、それは見たことのあるおじさんでした。彼は私のぬれた胴着を脱がし、自分の服を脱いで私をくるみ、そして舟を上流に向かって漕いで、少し上流の堤に立ち尽くす女のところまで行ったのです。

材木屋の親父さんが女に向かって「お前は何ということをしたんだ」とつめ寄ると、その人は言葉にならないようなうめき声をあげて泣き崩れました。女は私の母でした。

材木屋のおじさんは「この子はお前には渡さん」といって、私を抱いたまま、材木屋の家に連れ帰ったのだそうです。母は材木屋まで着いてきたそうですが、材木屋の親父さんはその日から一週間ほど私を預かってくれたのです。このことは警察に言わないでおくし、人に知られないようにするから、よほどよく考えろとおじさんは母に言ったそうです。

この話はもう少し成長したころ、材木屋の親父さんから二度、三度聞かされました。話はまことに鮮明に私の記憶の中に刻み込まれました。それどころか、話を聞いてから、子供として母親を見る感覚が全然違ってしまったのです。それまで感じたことのない恐怖心を実の母に覚え、怖い人だと思いました。

川に流されたことについて私ははっきりとした記憶はないのですが、本来、慈しんでくれるはずの者に裏切られたという絶望感が心の奥深くに澱《おり》のように沈みこんで、はがすことのできない痛みとなって私の中にずっと住み着いているのです。その傷口をさらに広げるようなできごとが、その後に何度も起こったのです。こんなふうにして私は人生の幕を開けたのでした。

❖観音経を唱える

私は、東京西新宿の淀橋で生まれました。現在、淀橋は副都心として超高層ビルが林立する摩天楼街ですが、当時は神田上水が流れ、北には淀橋浄水場が広がって、それはのどかな場所でした。

何しろまだ小さかったので、当時のことはかすかな思い出しかありませんが、ひとつ覚えているのは、三歳ぐらいのとき、お経の真似事をして祖母にたいへんほめられた記憶があるのです。

その頃SPレコードを再生する蓄音機というものがありました。グルグル手回しで分厚いレコード盤を回転させて金属の針を下ろすと、針のこすれる音の中から意外にはっきりと音が聞こえてくるのです。そのレコード盤の中に当時、浪花節で名高かった広沢虎造の清水次郎長伝があって、レコードを何度か聴くうちに、レコードがなくても上手にまねをしたと言います。すると祖母が、「そんな長いものを覚えられるんだったら、お経を覚えなさい」と言ったらしいのです。祖母は『観音経』を唱えていましたから、それを毎朝毎晩聞いて私は諳《そら》んじたのです。

妙法蓮華経《みょうほうれんげきょう》　観世音菩薩普門品《かんぜおんぼさつふもんぼん》
爾時無尽意菩薩《にじむじんにぼさつ》　則従座起《そくじゅうざき》　偏袒右肩《へんだんうけん》　合掌向仏《がっしょうこうぶつ》　而作是言《にさくぜごん》
世尊《せそん》　観世音菩薩《かんぜおんぼさつ》以何因縁《いがいんねん》　名観世音《みょうかんぜおん》
仏告無尽意菩薩《ぶつごうむじんにぼさつ》
善男子《ぜんなんし》　若有無量百千万億衆生《にゃくうむりょうひゃくせんまんおくしゅじょう》　受諸苦悩《じゅしょくのう》　聞是観世音菩薩《もんぜかんぜおんぼさつ》　一心称名《いっしんしょうみょう》
観世音菩薩《かんぜおんぼさつ》　即時観其音声《そくじかんごおんじょう》　皆得解脱《かいとくげだつ》

冒頭の部分だけでもこれだけありますから、全文をよくまあ覚えたものですが、幼い時期というのは、まことに薫習《くんじゅう》というべきか、水が砂地に沁み込むように覚えるものです。何の苦労もなく覚えて、仏壇の前で経をくり返し唱える真似事をして、それが楽しくて仕方がなかったようだったと、祖母から後に聞かされました。祖母は「私よりうみゃなあ」といたく感心したそうです。うみゃなあは名古屋弁なのです。

それからしばらくして父親の仕事の関係で新宿から岐阜に越して、長良川ホテルのそばに住むことになりました。旧長良川ホテルは丸の内精養軒が創業したホテルで、長良川の鵜飼を楽しみながら宿泊できるホテルとしてよく知られていました。

岐阜で過ごした小学生時代、私の人生を根元から揺り動かすような出来事に幾度となく遭遇したのです。

❖光の仏と出会う

小学校五年生の夏休みの終わりごろだったでしょうか。今のかたはご存知ないかもしれませんが、夏は蚊をよけるために蚊帳《かや》というものを吊って寝たのです。部屋の四隅からテント状の大きな薄手の網で布団を覆うように吊り下げるのです。暑い夜、雨戸を少し開け、風を通しながら吊るされた蚊帳の中は、まるで別世界のように楽しげですが、その外では蚊が甲高い羽音を立てながら飛び回っているのです。

そうやって寝ていたある夜のこと、ちょうど深夜零時ぐらいだったでしょうか。異様な気配を感じて目が覚めたのです。部屋には小さな電球が灯っていたのですが、寝ている足元に、二メートルはあるような人のようなものがいるのです。足元からそっと目線をあげて見るとそこにぼんやりと顔が見え、全身が金色に覆われて光を放っています。まぶしいというのとは違う光でした。その光に照らされた蚊帳の網の目がはっきりと見えたのをいまでも憶えています。

第二章　慟哭の歩み

その光る人は蚊帳の天井の縁からさらに上に顔がありましたからとても大きく見えました。うす目を開けてさらに周囲を見回すと、ずらりと光り輝く仏のような人たちが私をとりまいているではありませんか。私は、恐怖で全身がすくんでしまい、まったく動くことができません。人間のような形をしているが、この人たちはいったい誰だろうと思いました。

しかしさらなる恐怖が私を襲ったのです。その光り輝く人たちが身をかがめ、蚊帳をかき分け、手を中に入れて、私の体に触り始めたのです。その手は私の足元から上の方に伸び、やがて胸から首筋、そして頰から頭まで、幾つもの手がうねうねと動きながら私の体を触るのです。何をされるのか、自分はどうなるのか恐ろしさのあまり気が遠のきそうになりましたが、同時に金色に輝いていることに、引きこまれるような感じもあったのです。その人たちはお寺に安置されている金色に輝く仏のようにも見えましたが、不思議なことに輪郭がぼやけているのです。顔もはっきりとしませんでした。

一番強烈だったのは、私の頰を右から左に、左から右に、何本もの手が押すのです。そのたびに頭が揺らされるのです。私は恐怖で体が硬直し、カチンカチンの状態でしたし、その間がものすごく長い時間に思えました。

触られている手が妙に大きかったのも覚えています。大きな柔らかい手でした。その生々しい感覚は今でもよみがえってくるほどです。

その金色に輝く人たちが話をし始めました。聞いたことのない言葉でした。何を言っているのかまったくわかりませんでしたが、ずっと後にちょうど高校を卒業したころ、サンスクリット語に出会ったのですが、そのとき突如、あの蚊帳の外で光の仏たちが話していた言葉ではないかと直感したのです。イントネーションとか子音の語感が似ているような気がしたのです。

そのうち光を放つ人はしだいに減って再び闇が戻ってきたとき、小さな電球の光がよく見えたことも憶えています。それほど強い光に包まれていたのでしょう。私は自分でも意外だったのですが、彼らと一緒にいたい、彼らのあとについて行きたいという気持ちが抑えがたかったものです。

翌朝、母親にはこのことを話しませんでした。経験したことがあまりにも日常からはかけ離れていましたし、朝食の雰囲気は普段通りでどんなふうに話していいかもわからなかったからです。とうてい言葉にできないほどの強烈な体験でした。あの柔らかな手の感触は、朝になっても生々しかったのですから夢ではないのだと思います。母にこのことを話したのはずいぶん後になってからでした。

❖予知の始まり

そのことがあってから私の周囲に不思議なことが起きはじめました。その翌日は夏休みの最後の日で、宿題がまだ終わっていない子供たちを集めてやらせる勉強会の日でした。

学校に行くと音楽の鈴木先生にお会いしたのです。男の先生です。すると、先生が階段の踊り場から落ちる姿が、現実の鈴木先生の姿に二重写しになるようにはっきりと見えたのです。私は思わず先生のところに駆け寄って、「先生、階段あぶないよ。落ちて足を折るから気をつけて」と言ったのです。先生はびっくりしたような顔をしましたが、笑いながら向こうに行ってしまわれました。

その四日後、病院から電話があって、鈴木先生から、母と一緒に病室まで来るようにと連絡があったのです。先生が落ちる姿を見た日の午後、実際に見た通りのことが起きてしまい、直ちに入院騒ぎになったのでした。四日間、先生は考えたのでしょう。どうしても不思議でしょうがない。朝、岩満君に言われた通りのことが起きてしまった。どうしてそんなことがわかるのか話を聞きたいとおっしゃるのです。

その日の朝、先生にお会いしてから先生はぼくの前を歩いていったでしょう。そのとき、先生が階段の踊り場から落ちる姿がそのまんま見えたのです、と言ったのです。すると先生は、どうして踊り場ってわかったの、と訊くのです。階段がコの字に曲がっている中間の踊り場から先生が落ちるのが見えたのですと、正直に言いました。

母は恐縮して、お前が変なことを言うから先生に迷惑をかけるんだと私を叱ったのでした。

❖母の虐待

小学校の卒業式の日だったと思います。父親が「泰輔、床の間に座れ」と言うのです。父の隣には母もいました。私が座ったとたん、親父とお袋は畳を滑るように移動して私の正面に来ると、「お父さんは今日、お前に話がある。お父さんとお母さんは別れることになった。別れるというのはお父さんとお母さんは夫婦ではなくなることだ。別れるといっても、お父さんはいつまでもお前のお父さんだ。お母さんもいつまでもお前のお母さんだ。だが、別れるというのはお父さんとお母さんは別々に暮らすということだ。それでお前はお父さんと生活するか、お母さんと生活するか、お前の自由にさせてあげたいから自分で選びなさい」と言ったのです。

そう言われても私にはまるで何のことなのか、なぜ父と母が別れて暮らさなければいけないのか全然わかりません。しばらく下を向いて座っていますと、父が「これから中学校も始まるし、食事の世話もしてもらわなければならないので、とりあえずお母さんと暮らしたほうがいいのではないか」と言うのです。

だが、私は母と暮らしたくはありませんでした。長良川に捨てられたということだけではありません。母は私に対しておびただしい虐待を繰り返したのです。今でこそ、母親が我が子を虐待する悲惨な事件が報道されますが、当時は母親というものは命に代えてもわが子を護ったものでしたから、きわめてむごい母親だったと実の母ながらつくづく思うのです。

平手打ちはしょっちゅうでした。まだ小さい私の顔をじっと見ながら「お前は、ほんとうに一磨にそっくりなところが憎たらしい」といって頬を打つのです。一磨というのは夫、つまり父の名でした。

まだ小学校低学年でしたから、母がなぜ父に似ている私を憎むのか、全くわかりませんでした。悪いことをしていないのに、どうして打たれるのか。次のときも私の顔をじっと見ながら、「ほんとうに一磨に生き写しだ」と言いながらピシーッと思いっきり引っ叩くのです。おそらく母はなにかの事情で自分の夫を徹底的に嫌っていたのでありましょう。しかし年端《としは》もいかない子にそんな事情がわかる訳もありません。

母と暮らすということは苦痛以外の何ものでもありませんでした。

そのころは食糧事情もひじょうに悪く、砂糖ひとつでも配給でしたから、甘いものが食べたくて仕方ありませんでした。そんな時です。学校から帰ってくると茶箪笥《ちゃだんす》の上に何個かお饅頭《まんじゅう》がのっているではありませんか。無断で食べるのは悪いとわかっていましたが、つい、その一つに手が伸びてしまったのです。口に入れるとその甘いこと。なんという美味しさでしょう。その小豆の餡《あん》の味は本当に忘れることができません。そしてもう一つに手が伸びたその時です、はっと振り返ると鬼のような母の顔があったのです。私は頭をバシッとたたかれ、あまりの強さに後ろ向きにひっくり返ったのでした。母は「お客様の饅頭をどうしてお前が食べるんだ。誰が食べて良いと言った」と激しい口調で罵《ののし》って、それからまた下駄でたたかれました。「意地汚い子供だ。お前は本当に意地汚い」と吐き捨てるように言ったのです。

私は恐怖のあまり、自分が食べてしまったお饅頭を買って埋めあわそうと思い、下駄を突っかけて外に飛び出しました。饅頭を売っているのは近所の木東屋《きとうや》という和菓子屋さんだとわかっていました。なんとかその饅頭を買わなければならない。でも金などまったく持っていなかったのです。店に駆け込んだ私は、「今日ここで母さんが饅頭を買ったと思いますけれど、その饅頭をぼくが壊してしまいました。お母さんに怒られてどうしていいか分からずここに来ました。木東さんにお饅頭をもう一度作ってもらいたいと思ってお願いに来ました。二個か三個でいいです。お願いですから作ってください。お客さんが来るのにぼくが壊してしまったのです」と必死な顔で訴えました。

饅頭屋さんは、同級生の女の子、木東さんの両親でした。彼らは私の切羽つまったただならぬ様子と頭にできたコブを見からでしょう、店の置くから饅頭を三つ、経木に包んで黙って私に渡してくれました。「お金はいらないから、これをもってお帰りなさい」と優しく言ってくれたのです。

それをもって帰り母に渡すと、無言のまま饅頭を先ほどの皿に上に積み重ねました。その時、母は一生忘れられないほどの鋭い眼で私をにらみ返したのです。そして猫を追い払うように手を振って「シッシッ」と言ったのでした。私は恐怖でおびえていました。頭のコブも下駄で殴られてできたものです。

肉体的な暴力だけではありません。なぜかわからない理由で息子の心をずたずたに引き裂こうとするのです。あるとき町の書店で『ギザ耳うさぎ』という童話を見かけました。本屋さんで数ページめくって、その本が欲しくてたまらなくなりました。母にねだると、そのときは機嫌よく買ってくれたのです。買ってもらったことが嬉しくてたまりません。ところが帰宅途中、長良川にさしかかったところで、突然は母はその本を私の腕からひったくるように取り上げ、長良川に投げ捨てたのです。本は風に煽《あお》られてぱらぱらとめくれながら、川の中に落ちていきました。そのときの言い様のない衝撃はいまだに私の中で疼《うず》くものがあるほどです。なぜ母はそんなことをしたのでしょうか。

いや、もっと辛いこともありました。

小学校の低学年のころだったのですが、父が軍属としてジャワ（現在のインドネシア）やビルマに派遣されていた時期があったのです。

その時、私は母と二人暮らしでした。子供のころ良く微熱を出したり、結核ではないのですが肺を患ったりして近くの医院に診てもらうことが多かったのです。今でも覚えていますが、岐阜駅前の徹明町にあった山内胃腸病院という医院でした。当時私はカルシウムが足りないと医者に言われて、その病院や、さらに先生の自宅にまで月に何度かカルシウム注射を打ちにいったのです。カルシウムを打つとなぜか体中が温かくなることも鮮明に覚えています。これは不思議な感覚でした。注射をしたところから体中にじわっと熱が広がっていくのです。

ある日、母が私に「お前も大きくなってきたのだから、一人で寝なさい」と中庭に面した部屋で寝るように言ったのです。それまでは私は母と一緒に寝ていたので、さびしくはありましたが、一人で寝ることに、ちょっと大人になったような気分を感じました。

ところがその日から、カルシウム注射の山内先生が毎晩のように夜九時ごろ自宅にやって来るのです。先生は、胃腸病院のあった岐阜の駅前から市電に乗って長良川の鵜飼屋という停留所でおり、わざわざ我が家に寄るのです。私はほんとうにまだ子供でしたから、山内先生がなんで毎晩我が家に来るのか、その理由など考えもしませんでした。そういうものだと思っていたのです。

ある日のこと、母は具合が悪くなって朝から臥せっておりました。熱が高いのか、たいそう苦しそうで時折、荒い息づかいも聞こえるのです。その夜、寝入っていると、突然、母の断末魔が聞こえたように思ってはっと飛び起きました。その声はあまりにも苦しそうで、重く、長くあえぐようでした。母に何かたいへんなことが起きたに違いないと、私は布団をはねのけ、母の部屋に飛び込んだのです。ところがそこで母は、山内先生と動物のように絡まりあったまままうめき声をあげていたのです。私は何がどうなっているのか、全くわかりませんでした。次の瞬間、山内先生は浴衣をはおり、母は「泰輔、自分の部屋に行きなさいっ」と形相を変えて怒鳴ったのです。

母は死にそうなほど具合が悪かったのではないでしょうか。しかし、母は重い病気じゃなかった。母は具合が悪ったのではなかった。この瞬間のことは、深く記憶に刻まれ、長い間忘れられませんでした。母の行為ではなく、母の嘘が耐えがたかったのです。その日から、毎晩、山内先生が来ると、私は枕にうつ伏せになって耳をふさぎ、いっさいの物音を締め出そうとしました。母のうめき声が私にはわからないのでした。なぜあんな苦しそうな声を出すのか、母と山内先生がしていることが小学生の私にはわかりません。そうして毎晩耳をふさいで山内先生が帰るまでじっと待ったのです。

ですから両親が離婚したからといって、私が岐阜に残って母と二人で暮らすということは、どうしても納得できませんでした。

小学校を卒業する時点で、すでに私には心安らぐような場所はどこにもなかったのです。少年時代、楽しいことや良いことなどほとんどなかったように思えます。私が小学校を卒業したのは終戦後しばらく経ってからでしたから、日本中が食事もままならない状態でしたし、美味しいものを食べたいと贅沢を望むようなことはまったくできませんでした。そういう意味ではみなが同じような状態だったのですが、家族の団欒というものが我が家には決定的に欠けていたのです。

母はなぜあれほど息子である私を虐待したのだろうかと、いまでも考え込むことがあります。思い出すと重苦しい何ともいえない辛い気持ちが思い出されるのです。当時は親による幼児虐待などという言葉すらありませんでしたから、私はいったいなぜ母親はこんなことをするのか、訳がわかりませんでした。あとに記すように中学入学直前に私は母親と暮らすことを諦めたのです。ある意味で母を捨てたのでした。そして半世紀以上たって晩年の母がいよいよ危篤というときにも、死目に会うこともしませんでした。私を苛《いじ》め抜いた母に、それほど絶望していたのです。

考えてみると私は常に何かに向かって「助けてください。なんとか助けてください」と祈っていました。辛いことばかりの人生で「だれか助けてください」と念じていました。普通だったら母親に助けを求めるのでしょうが、その母が私を虐げるのです。だれにも助けを求める術《すべ》がありません。それでも助けを求めて、私は必死でした。なにか大きなものにむかって祈る以外に術はありませんでした。祈る気持ちは、こうしてはぐくまれたのかもしれません。

必死なその祈りが私を救ったのか、こうした辛い時期を経てきたにもかかわらず、私はひねくれることもなく、まっすぐ生きることができました。それどころか、今、こうして振り返ってみると、こういう辛い経験をしたおかげで、私は不幸に遭遇している人であっても、辛い目にあっている人でも、その人の苦しみや悲しみを我ことのように受けとめることができるのだと思います。その人の痛みや嘆きが私の中で共鳴しあって、他人事には思えないのです。放っておくことができません。何としても救いたいという烈しい思いが突き上げるように溢れるのです。それは、この幼少時の苦しみに原点があるのだと自分では思っています。神仏は、まことに深いはからいによって、このような巡り会わせで私を鍛え、導き、成長させてくださったのだと、今にして思うのです。しかし、私の艱難辛苦の歩みは、まだその幕を開けたばかりでした。

❖ハーモニカ

今こうして考えていると、なぜなのか思い出すのはあの頃のことばかりなのです。しかも、悲しく辛いことばかり。記憶の底に焼き付いているのは、淡い思い出ではなく、いい知れぬ寂しさでした。今では孤独という言葉を使いますけれども、その頃は孤独という感覚でなく、何とも言えないわびしく寂しい感情がうずくのでした。

朝、学校へ出かけるとき、母親が「今日、名古屋のおばあちゃんのところへ行くから。夜遅くなるかもしれないから留守番しててよ」と言うので、そうなのか、今日はぼく一人で留守番なのかと思いながら学校に出かけました。

ところがなにかを忘れているような気がして、「あ、そうだ。お金を持ってこなかった。ハーモニカを買うお金を学校の先生に納めなきゃいけないんだ」と思い出したのです。でもすでに家を出ていたので、戻ることはしませんでした。昨日は家に帰ってから、母親に言うのは明日でもいいやと思っているうちに、お金のことをすっかり忘れていたのです。

手のひらに隠れてしまうような小さなハーモニカでした。クラス全員がそれを買うように言われていたのです。結局その日、お金は納めることができませんでした。

学校が終わって帰っても家の中は暗いままで、名古屋から戻ってくるはずの母はいません。この時期、父は軍属として東南アジアに行っていたので、家は私一人だったのです。まだ雪も残っていましたから、寒い二月の頃だったと思います。部屋を暖める方法もわかりませんでした。暖房ひとつない家で、紙で竈《かまど》に火を燃やし、炭に火をつけ火鉢に炭を入れるのが子供としては精いっぱいのことでした。

夜遅くなっても母は帰ってきませんでした。とうとう私は自分で布団を敷いて、寒い部屋で寝たのです。朝になっても母は帰ってきていませんでした。

朝ご飯に一人で何を食べたのか、覚えていません。

その日も、ハーモニカの代金を先生に渡すことができず、先生に「お母さんが昨日帰ってこなかったので、お金をもらうことができませんでした。明日持ってきます」と言って、頭を下げたのです。

学校から帰ったら母が戻っているだろうと思いながら帰宅しても、やはり母はいませんでした。また昨日と同じように暗く寒い夜を迎えましたが、部屋の電気を灯しても薄暗く、寂しく、自分の家なのにひたすら恐ろしかった覚えがあります。

時々、屋根に積もっていた雪が滑って、庭に落ちる音が不気味でした。

その夜も母親が帰ってこないので、電気を点けたまま寝ることにしました。翌朝を迎えても、母の姿はありません。子供心にほんとうに途方に暮れたことを覚えています。

母がいない。

学校にハーモニカのお金を持っていかなければいけないのに、母がいない。

朝、食べるものがない。

確か、蒸かしてあったサツマイモを食べて、翌朝、学校へ行った記憶があります。学校の先生に「すみません、お母さん昨日も帰ってこなかったので、お金もらえませんでした」と、うつむいて伝えたことを、いまだに鮮明に覚えています。

先生は「何？　夕べも帰ってこなかったのか」と言われました。怪訝な顔をしましたが、僕の頭をくりくりっと手でなでて、「わかったよ」と言ってくれました。

たまたまその日、音楽の授業があって、生徒三十数人がちっちゃなハーモニカを持って、先生の指導で演奏をしていました。

私もハーモニカはもらっていたので一緒に演奏したのですが、お金を納めていない後ろめたさが先立って、ちっとも楽しくありませんでした。

その日、家に帰っても、やはり母の姿は見当たりません。全く連絡がないのです。隣の家は少し離れていますけれども、川口というクリーニング屋さんでした。その夜、クリーニング屋さんのおばさんのところに行って、「お母さんが帰ってこないのだけど、もし電話があったら呼んでください」と言ったのです。すると、何かを察したのでしょう、おばちゃんはすぐに野菜の煮つけを持ってきてくれたのです。そして、「おまえさん、可哀想だねぇ」と言うのです。その瞬間、母と私の間に越えられないような大きな溝が横たわっていることを悟ったのです。

もしかしたら、このままお母さんは帰ってこないのかもしれない。僕は捨てられたのかもしれない。子供心に悪い方にばかり想像してしまうのでした。

私が住んでいた長良川のほとりの家は、目の前に金華山という山がそびえていました。そんなに高い山ではないのですが、頂上には織田信長が齋藤龍興から奪取した岐阜城がありました。現在は復興された天守閣が、夜になると闇の中にライティングされてくっきりと浮かび上がっています。

その夜は、母が帰ってこないのに、なぜか雨戸も閉めず寝ておりました。

明け方の四時ごろだったでしょうか。突然、火事を知らせる半鐘が鳴ったのです。追いたてるような激しい音で、カーン、カーン、カーンと響き渡るのです。あわてて外を見ると、山の上が赤く燃えあがっているではありませんか。岐阜城が炎に包まれているのです。城は激しく火焔を巻きあげ、火花が風に舞い上がっています。独りぼっちの恐怖が猛烈に迫ってきて、歯がカチカチとなるような怖さを覚えました。闇の中に浮かび上がる紅蓮の炎は、地獄の光景のようで恐ろしい気がしました。

何日も母の帰ってこない寂しい夜に、岐阜城の火事。いまでもその光景が生々しく思い出されるのです。

暖房も何もない部屋で、自分でおこした消し炭の火鉢のぬくさに手をかざし、母の帰りを待ったのですが、とうとうその夜も帰ってきませんでした。

五日目の夜遅く、母は帰ってきました。

隣のクリーニング屋さんのおばさんがご飯を持ってきてくれましたが、母は何ひとつ口をききません。

母が帰ってきた時に、私が真っ先に言った言葉は、「お母さん、明日先生にお金を持っていかなければならないから。ハーモニカのお金だよ」でした。

母は返事をせず、ただ首をコックリしただけでした。

なぜか母の顔色が悪く、疲れ果てたような顔をしていたことをかすかに覚えています。金華山の火災のことや母が長い間帰って来なかったこと、山の城が火事で燃え上がるあの色のことなどがいまだに忘れられません。メラメラと燃えるお城のあの炎の明るさが、いつまでも脳裏の底に浮かび上がってくるのです。

❖コブと言われて

両親が別れてちょうど新制中学への進学前の春休みでした。結局、私はしばらくの間、母と暮らすことにしました。四月からはじまる中学のこともありましたし、食事のこともあったからです。

春休みのある日、母親に連れられて名古屋に住んでいた祖母を訪ねました。祖母は私を気遣って両親の離婚の話など持ち出すようなことは一切ありませんでしたが、夜、私が寝てから、おそらく夜の十時ごろだったでしょうか、隣の部屋で祖母を囲んで、母と祖母の妹、弟の四人で話している声が聞こえてきたのです。私は聞き耳を立てたわけではありませんが、祖母は母に向かって「文子、お前はまだ若いからちゃんと再婚しなさい。ただ、再婚といっても、瘤《こぶ》つきだからいい所に嫁にいくことは難しい。瘤を連れているということをよく考えて贅沢を言わずに、とにかくどこかに嫁ぎなさい」と懇々《こんこん》と母を諭すのです。

その夜の話を私は聞いてしまいました。くり返えされる「コブ」という言葉が頭から離れません。「ああ、オレはコブなんだ」と、再び暗い淵に立たされたのです。「お母さんがもう一度結婚するんだったら、確かにオレはいないほうがいいだろう」と悟ったのです。「コブ」という惨めな言葉に打ちのめされたような気がしました。

だったら、何としても親父のところに行こうと、その瞬間、私は決心したのです。

翌朝まだみなが寝静まっているころに起き出して、祖母の長火鉢の一番下の引き出しからがま口を取り出し、東京までの列車代にするために何枚かお札を抜きとりました。そして近くの堀田という市電の駅から名古屋駅まで行きました。小学校を卒業したばかりの少年にとって、一人で東京に行くのはよほど大変なことでした。切符売り場の上に掲げられている黒塗りの大きな列車賃一覧表から東京までの切符代を探し出し、何とか東海道線のホームに立つことができたのです。当時はもちろん汽車でした。三等客車に乗って「これから自分はどうなるんだろう」と想像してみますが、どうなるのか見当もつきません。

今でしたらわずか一時間半ほどで東京につきますが、当時は物凄い時間がかかりました、終戦直後の混乱の中で、大きな風呂敷包みいっぱいの荷物を背負い込んだ大人たちが車内を埋め尽くしていました。時代が時代でしたから、たった一人で列車に乗り込んでいる少年など、だれも気に留めないのです。

私は東京で生まれ育ったといってもそれは幼いころの話ですから、東京に着いても右も左もわかりません。東京駅の改札を出て丸の内側をうろついていたら、ちょうどおまわりさんのいる派出所があったのです。事情を話したら、おまわりさんは私が家出少年だとすぐにわかったのでしょう。父親の会社の名前を言うと、電話をしてくれ、「ぼうや、お父さんがここに来るそうだからしばらく待っていなさい」と言ってくれたのです。

❖東京の父

しばらくして父親が車でやってきました。それまで、耐えに耐えてきたことが零《こぼ》れ落ちそうでした。私は父親に土下座をして頼み込んだのです。

「お父さんのところにおいてください」

必死に派出所のコンクリートの床に頭をこすりつけました。もう他に道はありませんでした。父がしばらくお母さんのところで暮らせと言ったこともわかっていました。しかし、コブだと言われたところに帰ることはできません。父親のところにおいてもらうしか仕方がなかったのです。惨めさやら安堵感やら、さまざまな思いが交差して心の中を渦巻いていました。

戦争で親を失った子供たちも大勢いたのです。だが、私には両親がいながら、置いてくださいと頼まなければならないことが惨めでした。中学に上がる前ですからまだ体も小さいし、何の知恵もありません。厳しい親父でも、親を頼るしか他に道はなかったのです。

父親が私を連れて行ったところは、豊島区の大塚駅近く辻町というところでした。その父の自宅に行くと、とてもきれいな女性がいました。父は私に「おい、泰輔、そこに座んな」と言ったのです。女性が私の前に座ると父はたった一言、「おい、泰輔、これからお母さんになる人だから」と続けたのです。その日の朝まで、私には母がいました。それなのに突然、別な女の人をお母さんだと言われて、どうしていいのかわからないのでした。それでもぺこっと頭を下げたのです。

その女の人は洗濯物を入れる籠を指しながら、「洗濯物は全部ここに入れていいのよ。あとはお母さんがするから」と言ったのです。「ああ、どういうことだろう」と私は思いました。その人をどうしてもお母さんと呼ぶ気にはなれないのです。まだ若くきれいな人でしたからオバさんとも言えないので、ネエさんと言うことにしました（その義理の母、小川葉子さんについては驚くようなドラマが後であったのです）。

何日か経って父は「お前はどうしてネエさんなんて言って、お母さんと呼ばないんだ」と私を叱ったのです。お母さんとは呼べないと言う代わりに「いいです、ぼく一人で生きてみたいので、下宿させてください」と父に頼み込んだのです。すると父は恐ろしい形相をして

「勝手に探せ」と私を突き放したのです。東京に来てから、岐阜の母からは、息子のことで何の連絡もなかったといいます。

下宿を一人で勝手に探すと言っても、広い東京のどこをどう探していいのか見当もつきません。そこで私は、山手線に乗って大塚、池袋、目白と過ぎていく駅名を見ながら、ああ、そうだ新宿で降りようと、生まれ故郷の西新宿淀橋を目指すことにしたのです。他に地名もわからないからそうするしかありませんでした。

駅を降りて淀橋浄水場を越えて十二社《じゅうにそう》と呼ばれるところに向かったのです。淀橋の西側一帯は十二社と呼ばれ、戦前は花街としてそれは賑わったようですが、現在も高層ビル群の西の外れに、なおその名残が感じられます。

駅を降りて十二社のほうに向かいながら下宿になりそうな家を探していたら、ふと「貸間」と書かれた張り紙が目に飛び込んできました。

下宿をさせてもらえるか声をかけると、貸間のオバさんは驚いた顔をして「坊やが住むの」と訊《き》くのです。「お父さん、お母さんはいるの」と言うので、「はい」と答えると、「一人で住むんだったらご両親の許しがないとだめよ」と言われてしまったのです。父の電話番号を教えると、すぐに電話をかけて父に尋ねてくれました。その時、父は「好きなようにさせてやってくれ」と言ったのだそうです。

私はその日からそこの貸間に住むことになりました。小さな三畳の部屋でした。すぐに父が下宿に挨拶に来たのですが、そのときに親父が言った言葉は、私の人生を決定づけるようなひと言だったのです。

「お前は自分の意志でオレの家を出て行ったんだ。親は東京にいるし名古屋にもいる。それを嫌って一人で生活をしたいと言ったのはお前だからな。お前が言ったんだぞ。お父さんやお母さんは一人で暮らせとはひと言も言っていないぞ。後は一人で食え。中学の月謝も払わん。もがいて喘《あえ》いでみろ」と、下宿のオバさんの目の前でそう言い放ったのです。

しかし、父がその場から帰る時に、下宿のオバさんが深々とお辞儀をしているのを見て、親父はあんなにぼくのことをけなしたのに、このオバさんが頭を下げているのは、きっとなにか保証金のようなものを渡したからかもしれないと、子供心に思ったのでした。しかし、それ以降、下宿代も学校の月謝も生活費も、何もかも父はびた一文送ってきませんでした。しかし、私は父をきらいではありませんでした。今でも父を尊敬し、今でも懐かしく思い出すのです。父がいたからこそ、私はなんとか自分自身を保ち、人生をまっすぐに生きることができたのだと思っています。母だけではそんなことは到底かなわなかったと思っているのです。

何者にも頼らず、自分の力だけで生きなければならないという事態に、私は小学校を卒業した時点で遭遇しました。このことは、私の生きる原点となったのでした。いま宗教家として、人のどんな苦労も、人のどんな苦しみも、我が身に迫って自分のことのように感じられるのは、そういう経験が、いわば修羅を生きる者として、いやおうもない形で私に突きつけられていたということなのです。

いま、イジメ問題がとても深刻です。標的になりそうなおとなしい生徒をよってたかって苛《いじ》め抜くという卑劣な風潮が、学校だけではなく社会にも蔓延しています。しかし、私の経験からすると、そんなイジメで弱音を吐いてはならないのです。人間はある意味で徹底的に苛め抜かれたらいいのです。イジメられ、殴られ、ののしられ、踏みつけられてこそ、その経験がばねになって強くなり、寛容になり、弱いものに優しくなれるのです。

今の日本は、激しい競争社会のくせに競争していないようにつくろいます。競争することは平等の原理に反するといって、小学校の運動会では駆けっこ競走までやめたりするのです。陰湿なイジメが蔓延しているくせに、イジメがないかのようにつくろい、クラスでイジメについて話し合ったりします。なんという嘘っぽいことを平然としているのでしょうか。

弱い者を守っていくことはとても大切ですが、あまりに保護の発想が強いと、人は脆弱になるばかりです。マイナスの要因こそが成長のバネであり、生き抜くための必須の条件としてあらかじめ用意されているという、人生の根本原理を見失うのです。人生というものは辛い、苦しい、悲しいことばかりです。そうしてはじめて鍛えられ、そして強くなるのです。苦しみこそが、私たちを強くし、人間を本物にしていくのです。そのことを根本にすえなければなりません。

最近、車椅子の人が電車を乗り降りする光景をよく見かけるようになりました。車椅子で乗ることをあらかじめ連絡してあるのでしょう。駅員が数人がかりでホームと電車のドアの間に板を渡し、その方が無事に乗ったり降りたりできるようにお手伝いをします。しかしどういうわけか、車椅子に乗っている方の大半が、駅員にきちんとお礼を言わずにそのまま行ってしまうのです。車椅子を使っている方はそんなことはないと反論されるでしょうが、東京の山手線などで見かける方の多くはそうです。

車椅子に乗ることは当然の権利で、自分たちは保護され、護られるべき権利があるというのが現在の社会のコンセンサスなのかもしれません。

こんなことを書くときっとお叱りを受けるでしょうが、私は、弱者を過度に庇《かば》う社会は結局歪んでいくだろうと思うのです。弱いものを何とか助けたいと思う慈悲の心は人の魂から発するものであって、それが制度化したとたん、その制度に甘え、依存する気持ちが生まれてきます。慈悲の思いと依存の気持ちは、両立しがたい矛盾した要素を孕《はら》んでいるのです。慈悲を受けとめることは決して当然ではありません。

私は宗教家として断言しますが、最も低い者だけがほんとうに光を放つのです。だれもが、どんな人も、何らかの形で障害を負っているのですから。

❖極貧の下宿生活

私は中学生にして学費から生活費まで、すべての金を自分で工面しなければなりませんでした。学校に行く以外はほとんど朝から晩まで働いていたのです。いま中学生で働くことは法律的に禁じられていますが、その当時は働いている子供は必ずしも私だけではありませんでした。何よりつらかったのは眠る時間がほとんどないことでした。一日は新聞配達から始まります。どんなに遅くても午前四時には新聞配達所に集まっていましたが、さらに折り込み広告が入る日は三十分早く集合しなければなりませんでした。

新聞配達が終わると休むまもなく学校に行き、学校が終わると、そのまま十二社《じゅうにそう》の銭湯に行って三助をやったり、掃除をしたりして働きました。三助といっても、いまの若い方はご存じないでしょうが、湯加減の調節から番台や、流しと呼ばれる浴場での垢すりや髪すきまであらゆることをやったのです。男湯だけでなく女湯の流しもやりました。中学生になったばかりで純朴でしたし、必死でしたから女性の体に興味を持つような余裕などなかったのです。

客が混んでくると流しの需要も増え、その順番を間違わないように手際よく仕事を進めていかなければなりませんでした。そして流しを終えた客から流し札を受け取るのですが、その札の数がお給金に反映される仕組みになっていたのです。花街の芸者屋のお姐さんたちは私をかわいがってくれ、ずいぶんと流し札をもらったものです。私はけっこう重宝される三助だったのです。

銭湯が終わるのは深夜を過ぎており、それから飛んで帰って寝ても睡眠時間はわずかです。常に空腹と眠気が私を襲っていました。時間があればどこでも構わず寝たものです。

十二社では料亭の庭掃除をよくやらせてもらいました。「坊や、今度の日曜、何か予定あるの」と料亭の女中さんが声をかけてくれます。特にないと言うと、「じゃあ、お庭掃除においで」と頼まれます。出かけて行くと「まず、ご飯食べなよ」と、大きなどんぶりに卵を二つ割ってくれ、それにご飯とお味噌に黄色い沢庵を二切れか三切れ出してくれるのでした。私にとってそれは普段ありつけないたいへんなご馳走でした。

それから料亭の周りの草むしりをやったり、落ち葉を拾ったり、松葉の黄ばんだのを落としたりして、穴を掘って燃やすのです。この庭掃除は私にとって何とも言えない喜びでした。女中さんからあたたかい言葉をかけてもらい、何より食べるものがいただけたからです。

食べ物といえば、こんなこともありました。料亭の前に、その日宴会で出した弁当箱が捨ててあることが多かったのです。経木でできた弁当箱には食べ残しのご飯粒がこびりついていました。それを大きな袋を担いで夜中にとりに行くのです。その弁当箱を下宿にもって帰り、水道の水で洗い流して、ご飯粒やらキュウリの切れ端のようなものをザルで受けて茶碗に集めて食べるのです。みじめですが、そうするより仕方がありませんでした。

❖温かき人々

弁当を用意する余裕がありませんでしたから、中学生時代は昼飯抜きが多かったのです。それを見かねた友人が、彼は神楽坂の酒屋の息子でしたが、「おい、オレの弁当を食うか」

と弁当箱をそのまま私に渡そうとするのです。私が「いや君の弁当を食べるわけにはいかない」と断ると、彼は「オレ、お袋をだまして弁当二つ持ってきてるんだ。部活の稽古で腹が減るからと余分に作ってもらった」と言うではありませんか。その日から毎日のように彼は弁当を渡してくれました。彼はまことの恩人でした。

新聞配達と銭湯で稼いだ分、そして時々いただく庭掃除の駄賃を全部合わせても、下宿代や授業料を払うとほとんど残りません。何か急な出費が必要となると、ひどく困ったものです。お金がないのは気が落ち込みますし、不安な気持ちでいっぱいになるのです。

冬の寒いとき、うっかり風邪をひいて五日ほど寝込んだことがありました。高い熱が続くのですが、生活費はおろか医者にいくお金などありません。追い詰められて大事にしていたオーバーを新聞店の近くの質屋に持っていったのです。熱がありましたからふらふらしましたが、金を得るにはそれしか方法がありませんでした。ところが質屋の親父さんは「坊や、これはな質草といって坊やの歳では質草のやり取りはできないんだよ。悪く思うなよ」と言うのです。

それでも「坊や、具合が悪そうだな」と声をかけてくれ「医者に行きなよ」と優しく言ってくれるのです。だが「行くお金がないんです」と応えると、「坊やのような子供では、このオーバーを預かって質草としてお金を貸してあげることはできないんだ」とやはり断られるのです。私はうなだれて質屋をあとにしたのでした。

細い路地をしばらく行くと誰かが追い駆けてくるので、振り返ると、質屋の親父さんです。「坊や、質草を受け付けてやる。ここは質屋の玄関じゃないから、おじさんが受け付けてやる。いくらいるんだ」と言うのです。「病院に行くので貸してもらえるだけでいいです」と頭を下げると、今のお金で数千円ほどを手に握らせてくれたのです。質草のオーバーを脱いで渡そうとすると「馬鹿だなあ、坊や。もう一回風邪をひくじゃないか」と肩にかけてくれて、「金を返すのはいつでもいいんだぞ」とまで言ってくれたのです。親父さんの姿に後光がさしているように感じられました。しばらくして、借りていたお金を返済したことは、いうまでもありません。

それから数年後のことでしょうか。友人に誘われて沼津で釣り舟を出していると、少し向こうでも舟で釣りをしている人がいるのです。ふっと見るとそれはあの質屋の親父さんでした。間違いない、あの親父さんだと思ったとたん、私は海に飛び込んでいました。「親父さーん、親父さーん」と叫びながら泳いでその舟まで行ったのです。会いたいという一心でした。親父さんの舟に上がってから「おじさん、ありがとうございました」と何回言ったかわかりません。

親と心の通じ合いを充分に体験できなかった分、人の優しさ、心の通い合いが普通の人の何倍も強く身に沁みたのだと思います。

人に優しくすることの大切さがつくづく思われるのです。こんな極貧の状況を、食べることにも事欠くようなつらい状態を決して良かったとは思いませんが、それでも食べ物が溢れかえる現代よりもずっと生きることが強烈で、剝き出しの形で繰り広げられて、その経験の一つ一つが骨身に沁みていたと思います。逆に現代の生活、贅沢に生きている現代人の実感のなさが、ある意味で異様に思われてなりません。こんなことはいつまでも続かないぞ、と感じられるのです。

これはずっと後のことなのですが、私が二十歳ぐらいのころの話です。もう酒を飲んでもいいという歳でしたから、仕事仲間のコックさんやボーイさんと一緒にキャバレーに連れて行ってもらったことがあるのです。今日は割り勘だぞと言いながら先輩たちは東京京橋の何とかサロンというところに繰り出したのです。私はあわてて財布の中を調べましたが、当時きちんと働いていましたからある程度は持っていました。

店に入ると何人かの女性たちがやってきて、愛想よくビールをついでくれるのですが、その中に一人、目立たないもの静かな女性がいたのです。他の人たちはみな元気よくしゃべったりはしゃいだりしているのに、その人だけシーンとしています。その人のことがえらく気になるので、喧騒の中で事情をそれとなく訊《き》くと、「ここにお勤めをすると、子供におやつを買ったり服を買ってやれるんです」と言うのです。

仲間が帰るという段になって外に出てみると、激しい雨が降っていたのです。みな雨の中を走って先に行ってしまい、私一人が暖簾《のれん》のところで雨宿りをしていると、キャバレーがはけてお姉さんたちがにぎやかに出てきたのです。その中に先ほどの女性がぽつんとさびしげに帰っていく姿が見えました。傘をさしていましたが、存在感がまるでないので、まるで大きな傘が歩いているようでした。私はとっさにポケットを探ってありったけのお金を集めました。それを全部鷲摑《わしづか》みにして、彼女を追いかけ、その人のトレンチコートのポケットにねじ込みながら「おやつこれで買ってやんなよ」と言って逃げるように走り去ったことがあります。

私は、自分の親にそうしてもらいたかったのだと思うのです。おやつを買ってもらったり愛情を注いでもらえたらいいのになあという思いが、思わずこんな行動にはしらせたのだと、あとで思いました。

困っている人や病気の人を見たとたん、「私が救わなくてだれが救うんだ」というほとんど衝動に近い思いに駆られるのは、案外、こういう母親との関係が根っこにあるのかもしれません。冷たい母との関係が、逆に人々へのあたたかい思いとなって湧きあがるのかもしれません。菩薩道としては、母に感謝をしなければならないのでしょうが、しかし、一生涯、母ときちんと心を開いて向き合ったことはありませんでした。母には最後の最後まで優しい気持ちを持てずにいたのです。

❖母の夢

私は大人になってから何度も、母があのように振舞った根本にあるいちばんの理由を考えてみました。思い至ることは、やはり父のことではないかと思うのです。父は厳しい人でしたが私には愛情を注いでくれました。しかし、自分の妻を大事にしていたとはとうてい思えません。あるときこんなことがあったのです。

父がジャワから復員してきて、再び家族が長良川のほとりで暮らし始めたときのことです。

ある晩、父は二台の人力車で帰宅したのです。一台には父が、そしてもう一台の人力車には芸者さんが二人乗っていました。おそらく父は職場からどこかに飲みに行ったのでしょう。店がはねてから芸者を連れて自宅に戻ってきたのです。

父は座敷の中央に座り込み、その左右には芸者さん二人をはべらしているのです。三人に母は黙ってお燗《かん》をしたり小料理を出したりしています。ところが芸者は母に対して、それはえげつない口の利き方をするのです。「ちょっと、お姉さん。お燗つけてよ」などと言うのです。父は奥にいる母に「おい、呼んでるのがわからないのかっ」と怒鳴ります。黙々と徳利を運んでくる母に向かって芸者は「まあ、この人ずいぶん老けた女中さんね」などと平然と言い放つのです。

当時の男はそういうふうに振舞うのが当然で、男の甲斐性だと思っていたのでしょうが、母は屈辱と怒りで煮えたぎるような気持ちを抱えながらお燗をしたり料理を運んだのだろうと思うのです。母は父に徹底的に虐げられ、その鬱積した憎悪のエネルギーが私に向けられたに違いありません。そういう意味では母も気の毒なのですが、しかし幼い私を苛め抜くことで自分の怒りの憂さを晴らしていたことは、やはりしてはならないことでした。

母には母の夢もあったろうと、ふと思います。名古屋で生まれ育った母は、開局したばかりのＮＨＫ名古屋放送局の合唱団の団員として参加していたそうです。音楽が好きだったのでしょう。マンドリンが上手で、父のいないとき母はよく一人でマンドリンを弾いていました。子供心に、ああ、上手いなあと思ったことがあります。母がもっと紳士的な男性と出会って、大事にされていればまったく別な人生を歩んだかもしれません。そして私に対して鬼女のような側面をあらわさずとも済んだかもしれません。しかし、そうなると私も誕生しないのですから、人生というのはまことに不思議に満ちたものです。

❖高見の蛍合戦

話が前後して申しわけないのですが、岐阜長良川ですごした小学校時代にとりわけ心に残ることがありました。「蛍合戦」です。いまは長良川でもほとんど蛍を見かけないそうですが、私が住んでいた時分はそれは多くの蛍が生息していました。

岐阜からしばらく行った高見というところの川縁《かわべり》には夏になるとたくさんの蛍が見られる場所があって、夕方になるとみなで蛍見物に出かけたものです。夕闇が濃くなってすっかり日が落ちると、川縁のあちらこちらで小さな光がちらちらと動いているのが見えます。

夜風が静かに渡っていくと、たくさんの蛍がひとかたまりの群れになって、差し渡し一メートルぐらいの玉のようになるのです。微かな、しかしおびただしい数の光の粒が玉状になって闇の中をふわふわ揺れながら移動するさまは、それは幻想的でした。見ると、さらに二十メートルぐらい先にもう一つ別の光の玉があるのです。しばらくするうちに、その二つの光の塊がスーッと寄って一つになったかと思うと、まるで花火が散るように球がはじけて、光の粒々がふわーっと広がっていくではありませんか。この世にこんな美しいものがあるのだろうかと思うほどの美しさで、いつまでもじっと見続けました。蛍たちはなぜあんなふうに集合したり離散したりをくり返すのでしょうか。まるで蛍が光の玉を作ってみずから遊んでいるように感じられるのです。この蛍合戦の記憶は今も鮮やかに残る長良川の思い出でした。

もう一つ、これは東京に住むようになってから岐阜に一度だけ戻ったときの話です。春休みだったか、小学校の同窓会をやることになって、私も何とか金を工面し、はるばる出かけたのでした。辛い思い出ばかりの岐阜長良川でしたが、親しい友人もいっぱいいたからです。小学校のとき、特に仲の良かった塩津順子《よりこ》さんに会いたいなあと思いました。お断りしておきますが、その女の子に惚れていたわけではありません。そもそも男女の関係というのが、私には全然わからなくて、男女の区別など意識したこともなく仲良くしていたのです。そういう意味で私は極端に奥手《おくて》だったのかもしれません。信じてもらえないでしょうが、私は二十四歳になるまで女性を知らなかったのですから。

ところが、その塩津さんは同窓会に来なかったのです。他の同級生も事情を知らないようなので、同窓会の帰りに北町の彼女の家を訪ねていったのです。もしかして体の具合が悪いのではないのかと心配しながら彼女の家の玄関を開けて、以前のように呼びかけたのです。「よりちゃん、いるかなー」と声をかけると、中から「はーい」と言って出てきたのは、なんと父の愛人の小川葉子だったのです。母のもとを飛び出して東京の父の家に行ったときにいた義理の母にあたる人でした。葉子さんには私が下宿をしてから一度も会っていません。

お互いの顔を見合って驚いたのなんの。彼女はあっけにとられたような顔をして「坊ちゃん、どうしたの」と言ったのです。私もオウム返しに、「ネエさん、どうしてここにいるの」と思わず叫んでしまいました。話を聞くと、葉子さんは父と別れてから、自立するために化粧品会社のマックス・ファクターに入社して岐阜に転勤になり、空き家を探してここに住んでいるというのです。塩津さんはその前に引っ越していたのだそうです。塩津さんと葉子さんには何のつながりもありません。それなのに同じ家を介して二人は私の中でつながったのです。

狭い日本といえども、当時でさえ何千万人もの人間がいるのに、なぜよりによってこういう奇妙な出会いがあるのでしょうか。こんな不思議な出会いはそうざらにあるとも思えません。宝くじに当たるよりもありえない話に思えるのです。私は特にそういう不思議な巡りあわせに遭遇することが多いのですが、この小川葉子さんとの再会もそんな感じを持ちました。運命の糸が、世界の深層で人を結びつけ、たぐり寄せられるように人は出会ったり別れたりするのです。

❖太郎の悲鳴

さらにもう一つ、岐阜には、今でも引き攣《つ》るような気持ちになる辛い思い出があります。中学一年生の正月休みに、勤めていた新聞配達所や十二社《じゅうにそう》の銭湯や料亭など、いくつものアルバイト先から正月の費用とお年玉をいただいたのです。生まれて初めて、ある程度自由に使えるまとまったお金でした。それまでのお給金は学費、家賃などでほとんど消えていましたから、このお金はそれは大事に思えました。このお金を貯めておくこともちろん考えましたが、私はどうしてもやりたいことがあったのです。やりたいというより、会いたいものがいたのです。それは人ではありませんでした。母の暮らす岐阜の家においてきた秋田犬の太郎にどうしても会いたかったのです。

太郎のことは一日たりとも忘れたことがありません。辛いことがあると太郎の姿を思い浮かべ、寂しいときには太郎を抱いたときの温もりを思い出しました。三月に太郎と別れて以来、もう一〇ヵ月以上も経ってしまったのです。太郎はどうしているだろう、どうしても太郎に会いたい、という思いで頭がいっぱいになり、後先も考えずに、稼いだお金をもって東京駅から汽車に乗って岐阜に向かってしまったのでした。とても長い時間がかかりました。岐阜に着いたのは夜の十時過ぎでした。

名古屋から雪景色に変わって、岐阜駅で降りると外は闇の銀世界でした。駅前は、時刻が遅いということもあって灯りはほとんどなく、音ひとつしません。幸いまだ動いていた市電に乗って、稲葉神社前、材木町、岐阜公園前、長良橋と懐かしい停車場を通過して鵜飼屋という駅で降りました。そこから長良川のほとりを六キロ歩くと、土手下に母の住む家があったのです。歩き出すと雪の深さはすでに三〇センチを超えていたでしょうか。

夜の闇の中に浮かび上がる長良川は、白い雪景色の中で、満々と水をたたえて、黒く太く帯のように流れていきます。明かりなど全くないのに、雪の中に黒々と流れる長良川は不思議とはっきり見えたのでした。

しかし、あまりの寒さで足の感覚がだんだんなくなってきます。こんなに雪が降っているとは想像もしなかったので運動靴で来てしまったのです。長靴など持っていませんでしたから、どのみちこの靴でくるしかなかったのですが。深いところは膝まである雪をかき分けながら進んで、やっとの思いで母の家にたどり着くと、台所と居間にかすかに明かりがついていました。

ほっとして台所のガラス戸をかじかんだ手でそっとたたきました。返事がありません。さらにもう一度たたくと、玄関のほうから太郎が狂ったように鳴くのが聞こえます。太郎は元気だったのです。さらにガラスをたたくと太郎は私だとわかったのでしょう、遠吠えに似た、悲鳴のような声を上げて鳴くのです。玄関のほうから台所のほうまで家の中を太郎は駆けてきたのでしょうか、今度は台所のガラス戸の内側から爪を立て、もがくように引っ掻くのです。

「どなた？」

やっと、母の声が聞こえました。八ヵ月ぶりの母の声です。

「お母さん、僕です！」

太郎はさらに必死に戸を引っ掻きます。母はしばらく無言でしたが、やがてこう言ったのです。

「お前の家はここじゃない。すぐに東京に帰りなさい。名古屋を出て行ったのはお前が勝手にやったことです。お前の帰ってくるところはおばあちゃんの家でもなければ、岐阜でもない。すぐに帰りなさい」と。

太郎の悲鳴のような遠吠えが、いっそう激しく聞こえてきます。

その時、突然、台所の電気が消えたのでした。

しばらくそこに突っ立っていましたが、骨の髄まで冷たさが入り込んでくるので、仕方なく母の家を後にしました。そのときの太郎の鳴き声はいまも忘れることができません。狂ったような、悲鳴のような、悲しげな声でした。その鳴き声を振り払うように、再び来た道を引き返し始めました。霙《みぞれ》交じりの雪が斜めに降り、長良橋に着いたときにはもう市電も終わっていました。

途方に暮れるというのはこういうことを言うのでしょう。足の感覚はとうになくなっていましたが、このままでは凍死することは確実でした。とにかく岐阜駅まで歩こうと、市電通り伝いにひたすら歩き続けました。闇の中に浮かび上がる雪に埋もれた岐阜の街は異様に静かでした。

それでもなんとか柳ヶ瀬を通って岐阜駅にたどり着いたのですが、とうの昔に最終列車は出ていました。足の感覚も手の感覚もありませんでしたが、幸い駅舎は開いていたのです。当時の駅は夜行列車があったからでしょう、駅は一晩中開いており、駅舎の中で凍えるまま始発列車を待ちました。

五時十分の上り列車に乗り込んだとき、母への絶望と、太郎の遠吠えが頭の中をぐるぐると回って、悲しみとも怒りとも憤りとも辛さともつかない感情が、幼い私の中にふつふつと湧き上がってくるのでした。生きることは、なぜこんなに大変なのだろうと烈しく思いました。空腹のはずでしたがそんなことは少しも感じもしませんでした。

汽車の走る音と、太郎の悲鳴のような遠吠えが私の耳の中で交差しました。眼にはいつまでも闇の中に浮かび上がる白一色の岐阜の雪景色が残っています。太郎の悲痛な鳴き声は、半世紀以上たった今でも私の中で鮮やかに思い出されるのです。

東京に帰ってからすぐに父の家を訪ね、正月休みの一件を話して、「お父さんの家で太郎を飼ってあげてください」と必死で頼んだのです。厳しい父でしたが、「わかった」と意外にも許しが出て、東京まで太郎を貨物で運び、父の家の庭で飼ってくれたのです。丈夫な針金を渡して太郎が自由に動けるようにしてくれました。

それからしばしば太郎に会いに父のもとを訪れることになります。

その五年後、父から突然、太郎が死んだという連絡が入りました。私は飛ぶようにして父の家に駆けつけましたが、すでに太郎は冷たくなっていました。私は何度も何度も名を呼んで太郎を抱きしめたのでした。私にとって岐阜のあの夜の太郎の悲痛な遠吠えは哀切そのものでした。辛い少年時代を過ごした私にとって、太郎こそは、心を許し、気持ちが通じ合えた、まことの友でした。

第三章　永遠の世界を想う

終わりのないいのち

❖人生は最後になればなるほど重要である

今生の人生は恵まれたものであったと感じておられる方は少なくありません。よき仕事に恵まれ、よき伴侶に恵まれ、よき家族に恵まれ、これ以上望むものはない、という方もきっとおられると思います。しかし、ほとんどの人にとって、人生は艱難辛苦の連続であり、失敗と後悔の念につぎつぎと襲われるものでないでしょうか。人生は、夢見たようにはいきません。仕事上での失敗、金銭での失敗、結婚の失敗、人間関係の失敗など、数え切れないほどの負の思いが積み重なり、力を失い、悔し涙を流すことさえ少なくありません。

いや、取り返しのつくことなら、まだ何とかなりますが、人生には取り返しのつかないことがあるものです。一度失ったら永遠に取り戻せないものがあるのです。人を傷つけたりすることも少なくありません。とんでもない事態に陥ることもあるでしょう。犯罪に手を染めてしまうことがあるかもしれない。相手が人であれ動物であれ、他の生命を傷つけるということは決して許されることではありません。生命はゲームのようにリセットなどできないのです。

他者を傷つけたものは必ずその報いを受けます。因果応報は絵空事ではなく、文字通り人生の真実だと、私は自分の経験から確信をもって断言します。己のなした行為は、巡り巡って必ず自分自身に降りかかってきます。人のものを盗んだもの、他を傷つけたもの、殺生したものは、必ずその罰を受けます。

では、そのような悪をなしたものは、死んだ後どうなるのでしょうか。聖霊界の入り口で厳しい取調べを受け、その後、暗い地底のようなところで永劫の時を苦しみにまみれながらのたうつのでしょうか。そうではありません。己の罪の真の姿に、死後初めて直面するのです。このことは、人がいかにこの世で他者を傷つけるということに平気であり、鈍感なのかを物語っています。しかも、自分では記憶も定かでないような想像もつかないようなことが、死んでから示されるのです。この世では、たいしたことはないと思っているような事実に直面し、傷を与えた相手の痛みが自分の中に入り込んで苦しみもだえるのです。このことが地獄の責めの真相なのです。

自分の努力が足りずに、人生において充分に自分自身を生かすことができなかった者も、同じような苦しみを味わいます。それは自分が負っていた「本当の私」に対する責任を、怠惰に押し流されて果たせなかったからです。この点も徹底的に糾弾《きゅうだん》されるのです。糾弾されるといっても、怒鳴られたり引き回されたりされるわけではありません。怠けていて何故まずかったかということが、とてもはっきりわかるのです。とり返しがつかないということもはっきりわかります。地上界にいるときは、そんなことはまったく感じもしなかったのです。自分に対しても他人に対しても、実にいい加減だったのです。一人一人の霊魂は、己に対しても他者に対しても大きな責任を負っています。この負っているということが、死んで、初めて、恐ろしいリアリティをもって迫ってくるのです。

これは私の絶対的な確信なのですが、人生は最期の瞬間がとても大切になります。最期の時間が近づけば近づくほど、その魂の状態が重要になってきます。重い病に冒され、身体はもはや動くこともままならないかもしれない。呼吸も思うようにできず、その苦しさにうめきながら最期の時を迎えるかもしれない。それどころか、思わぬ事故で突如、死に至るかもしれない。必ずしも眠るように死ねるとは限りません。それでもなお、最期の瞬間が大切なのです。己の力で充分な最期を遂げられなくても、大切であることに変わりはありません。

この最期の瞬間にむかって、私たちは毎日を生きているといっていいほどなのです。あなたのすべての力を、その最期の瞬間に注ぎたいものです。毎日の日常が実はその積み重ねなのです。人生というものを今生だけだと考えるなら、それは無駄な努力かもしれない。だが人生は、この現世だけではなく、永遠に続くものであると納得できるなら、このことが極めて重要になってきます。

どんなに大きな罪を犯した者も、どんなに取り返しのつかないことをした者も、この最期の瞬間に、「正気に立ち返る」ことがあるならば、必ず救いの道があります。自分自身で本当に思い至ること、自分ではっと気づくことが何より大切なのです。自分がなしてきたことが、どんなことであったのか、ありありと見えることが大切なのです。

だが、この正気に立ち返るということは容易なことではありません。自分の思いというものは、そのほとんどが主観によって塗りつぶされており、錯誤と妄想に埋もれて、正気からは程遠い状態にあります。正気に立ち返るとは、そういう脳の濁った流れから離れることです。生きている間は、これが実に容易ではありません。ただ死だけが、濁った勢いから離れることを可能にし、その時、魂の覚醒が生じるのです。それこそが、死の意味であり、あなたが根源の世界に立ち返ることに他なりません。

すでにおわかりのように、死の重大さと死の厳粛さだけが、人をして正気に立ち返らせる力を持つのです。もう引き返しようのない深淵に、私たちは立ち、その先には茫漠たる闇が広がり、底無しの深淵がぽっかりと口を開けています。それが震え上がるほどの恐怖を伴っているからこそ、すべての甘さや依存心は断ち切られ、あなたは生涯で一度も経験したことがないほど真剣な世界へと歩んでいくのです。もう逃げようのない道をただ一人で歩んでいくのです。たくさんの愛する者たちによって見守られていようと、死の先へ進むのはあなた一人なのです。

それが死の入り口に立つということです。

その瞬間は、この世のどんな準備も意味をもたないほど過酷であり、峻厳《しゅんげん》であり、険しい道です。どんなに腐った魂も、甘えた根性も、その瞬間に「真剣であること」の意味をはじめて悟ることになります。

この本の冒頭に掲げたハマーショルド事務総長の言葉をいま一度、思い出してください。

「……この最後の日にむかって。そう思うときほっとするのは、もう《その先》がないという瞬間があるのを考えるときである。私は選ぶ者として、すべてを指先で試してみることができる。すべてを――ただし、一つだけ別のものがある。すなわち、日々と歳月とが凝結してなった一瞬である。死の光に隈なく照らしだされた、死の直前のその一瞬である。ただ死のみが測ることのできる、その一瞬である」

この現実世界は物質の世界です。物質界であるということは仏教的にいえば「五蘊《ごうん》」の世界であり「色《しき》」の世界だということです。「色」ほど魅力を持ち、私たちを惑わすものはありません。それは物質に感覚器官が反応し、さまざまな幻覚を生じさせ、それに心身ともに囚われ振りまわされているからです。だが、物質は必ず滅びます。生あるものは必ず滅し、栄えるものは必ず衰えます。諸行無常とはまさにこのことを指しています。この滅びていくということを自分の身をもって絶対的に知ることが、「死」に他なりません。

死はまさに滅びなのです。もし世界を物質でできていると考えるなら、死の先にはなにひとつ残りません。すべてが滅んで、そして永遠の沈黙と闇が広がっている、いや、その広がるということすらもない、完全な無がやってくるのです。だが、もしこの宇宙が物質ではなく、心によって、あるいはもっと別ないい方をするならば霊魂によってできていると捉えるなら、まったく別な死後の世界が広がることになります。

このことは極めて重大であるにもかかわらず、そして、人類は何千年もこの問題を考え続けてきたにもかかわらず、正しい答えを得ることができずにいます。死んだ先がどうなるのか、万人が納得できる答えは存在していません。各人が各人の信念のようなものを思い思いに描いているに過ぎません。だからこそ、この世界が、単に物質でできていると考えるか、心＝意識によってできていると捉えるかが、とても重要になるのです。

しかしこれは信仰ではありません。そう信じたとしても、実際にそうかどうかわかりません。重要なのは信じ込むことではなく、できるだけ客観的に事実を知ることです。だからこそ、この本の冒頭でお話ししたように、深い叡智によって世界を捉えていた釈尊は、この問題にお答えにならなかったのです。無記と呼ばれている教えです。

だが、もし、この問いへのほんとうの答えが出る可能性があるなら、それは宇宙観、世界観を揺さぶるだけでなく、私たちの「死の先」をもはっきりと照らすのではないでしょうか。

　そこに到達する道は多くはありません。しかも、そのどれもが大変困難な道であり、しかも釈尊の時代には知られていなかったことです。それが現在与えられているということは、なんと恵まれたことでしょうか。

　私の考えでは、道の一つは臨死体験、もう一つは自然科学です。臨死体験については立花隆さん、エベン・アレグザンダーさん、木内鶴彦さんなど、何人もの方々によって書かれた本が出ていますから、それをお読みになることをお薦めします。

　特に注目されるのはハーバード大学の医師であるアレグザンダー先生の『マップ・オブ・ヘヴン』（早川書房）です。そこには、死んだ後に、私たちがどれほど美しく荘厳な世界へと歩みを進めるかが、はっきりと書かれています。

　あちらの世界にも、この世と同じものが存在し、それがこの世以上にリアリティを放っていると、そこに書かれています。

「波打つ水面にはゆらゆらと霧がたち、水の下で魚が泳いでいるのが見える。想像上のありもしない魚ではない。これまで目にしてきた魚そのもの、むしろそれ以上に魚らしい魚が泳いでいるのだ」（一二七頁）という不思議な一文にも出会います。この本には、死後の世界の壮麗で広大無辺の領域が描かれており、それを真摯に読むことで、私達はどれほど深い希望に到達することができるでしょう。

「……人の一生と同じように、だれもがもっと大きな宇宙で旅をしながら、一回限りの地上の人生ではかなわない根本的な変化と成長を重ねている。その遠大な旅の中心にあるのは、ただ一個の存在である」（一五五頁）とも書かれています。

永遠に失われることのないその一個の存在こそが、私たちのほんとうの姿に他なりません。読み終わったとき、世界が一変して見えるほどの一冊です。

立花隆さんの『臨死体験』上下巻（文藝春秋社）は少し古いですが、臨死体験を考える上で基礎文献となるもので、膨大な資料を駆使し、数多くのインタビューを重ねた立花さんの実証的な手法によって、最も信頼できる本に仕上がっています。しかし、生涯をかけて死後の世界を探究した立花さんの答えは、死後の世界の確信ではなく、お釈迦様と同じように、やはり「無記」なのです。立花さんは臨死体験問題については結論を出しておりません。

もう一つの道は自然科学です。自然科学は宇宙の成り立ちを明らかにしつつありますが、あなたの死の先まで明らかにしてくれるわけはないと思っておられるかもしれません。この本の前半で理論物理学者の種市さんとお話ししたのは、この問題をめぐってでした。非常に難解な理論でしたが、でもある重要なインスピレーションを得ることができたのです。それは一人の人間の脳が生涯にわたって記憶した全領域、つまり意識の総体は、死によって失われるのではなく、別の高次元領域に収納されるらしい、ということなのです。種市さんは二十二世紀の物理学は、この問題にある程度の道筋をつけるのではないかと考えておられるようです。

そんなことをいわれても私たちは二十二世紀まで待っていることなどはできません。そこで、まったく別なアプローチで宇宙の秩序と神の存在を考えてみたいのです。それが究極的に、この世界が物質に過ぎないか、それとも巨大な霊（スピリット）のごときものから産み出されているかを明かすと思うからです。この問題をもう一度振り返ってみましょう。

これまで人類は長いこと、世界は神や仏によってつくられ、死ねば天国か極楽に、あるいは地獄にいくと考えてきました。だが一方で、神や仏は人間の空想が生み出した絵空事であり、死ねば身体はすべて元素に分解され、意識も何も残らないと考える人がいます。地上には家族やあるいは自分のなした業績が残るかもしれませんが、本人自身は肉体も失われ、意識もなくなり一切が消滅してしまう。そういう考えを、人は唯物論と呼んできました。近代以降、唯物論的に世界を捉えている人は急速に増えています。

しかし日本では、死んでも魂は残るとか、死ぬとあの世にいくと考える人が少なくありません。だが、それは単に死の恐怖や絆が断ち切られるための孤独感から逃れるために妄想を膨らませているだけかもしれません。人は死の恐怖から、霊魂を想定し、極楽浄土に思いを馳せてきたのです。

一方で、日本人は、死を恐れないともいわれます。何百万もの人々の命を奪った太平洋戦争でも、多くの兵士は国のために潔くみずからの命を捧げたのでした。

しかし、こういう行為は一人ひとりの命や人権を尊重するという欧米的な発想からすれば、与えられた命というものをあまりにも軽視しているように見えたのではないでしょうか。太平洋戦争の末期に、アメリカ軍が日本の各都市に無差別爆撃をくり返し、広島や長崎に原爆を投下できた最大の理由は、サイパン島や硫黄島の、日本軍の熾烈な戦いぶりに恐怖し、兵士のいのちというものをまったく省みない、組織的な玉砕戦法に、民間人を巻き込む空襲をしてもかまわないと決意させたからだといわれています。

だが、命を失った兵士たちは、あるいは空襲や原爆で命を失った民間人たちは、まことに無念だったのではないでしょうか。この世に生まれてきたことには重大な意味があり、私たちにはこの世でなすべき任務が与えられていたはずなのに、戦争はそういう命をことごとく奪ってしまうのです。太平洋戦争の悲惨さは、日本軍上層部の無能無策によって膨大な数の兵士や民間人のいのちをむざむざ失ったことに尽きています。むごい死を遂げたたくさんの人たちは死後、聖霊界にきちんとあがっているのでしょうか。そこが気になって仕方がありません。

ほんとうのところは、膨大な数の人が亡くなったことがむごいのではありません。人間はいずれ死ななければならないのですから、早いか遅いかの違いだけです。問題は、自分が何のために生まれてきたのかということを考えることもできず、訳もわからずに命を落としていったことがむごいのです。特攻で飛び立った若者たちは、大きな大きな疑問を抱えたまま、それでも無理やり敵艦に体当たりをしてみずからの命を散らしていったのです。そのことが気の毒でなりません。それを思えば、現在、こうして己の死に思いを巡らすことができるのは、どれほど幸せなことでありましょうか。

❖永遠の秩序

ここで、死についてのほんとうところはどうなのか、空想的な話ではなく、本当の事実はどうなのか、新たな霊性学では、そのことを考えてみることがどうしても必要なのではないでしょうか。死についての科学的アプローチです。確かにそうだと万人が納得できるなら、私たちは死の先に、大きな希望を感じることができるのではないでしょうか。

そこでまず、遺伝子ＤＮＡというものを考えてみましょう。

遺伝暗号のＤＮＡには膨大な情報がつまっているといわれています。ＤＮＡという言葉は、事故や犯罪などでもしばしば使われるので、いまや小学生でも知っていますが、このＤＮＡのほんとうの仕組み、その圧倒的なまでの小ささ、そして精緻な働きを知っている人は実に稀ではないでしょうか。肉眼では見えないほど小さな細胞の核の中に、ＤＮＡは納められていますが、もうこの時点で、ＤＮＡは普通の常識が通用しないほどの恐ろしく微細な世界に属しているということがわかります。

その微細なＤＮＡから二重螺旋を取り出し、大型の顕微鏡を使って観察すると、四種類の塩基が実に整然と並んでいることがわかります。そして互い違いにスパイラル構造になった二重螺旋には、その人の全情報が納められています。例えば、一本の髪の毛には何百万もの同じＤＮＡが入っています。だからこそ、わずかな細胞だけで、その人のすべての情報を読み取り、その人を再現することができるわけです。犯罪捜査などでおなじみです。

一人の人間の全身には、約六〇兆個の細胞がありますから、ＤＮＡもその数だけ存在することになり、その一つ一つには三〇億の塩基対をもつ全遺伝情報が納められていますから、一人の人間存在とは、ある意味で想像もつかないほどの「情報のかたまり」といっても間違いではありません。

いや、そもそも生命というものが、実は、情報のかたまりなのです。これがおそらく生命についていちばん正しい捉え方です。この情報という目に見えない不可視の領域を、どう捉えるかということがとても大切になってきます。実際にＤＮＡの二重螺旋がどのように構成され、それが一つ一つどの細胞へと発現しているかを知れば知るほど、生命というものはぼんやりと考えているようなものでは全然ないということに気づきます。見えるものだけでなく、見えないものを捉える力が、もっとも深い智慧とかかわっているのです。

ノーベル医学賞を受賞されたｉＰＳ細胞の山中伸弥先生も、遺伝子というものの奥深さを知れば知るほど、畏怖をおぼえ、敬虔な気持ちになるという意味のことをおっしゃっていました。

さらに、問題はこの先にあるのです。

微細なＤＮＡというものの中に、その人のすべてを生成（再生）できる全情報が納められているわけですが、それでは、そのＤＮＡはどうやってできたのでしょうか。これほどの高密度の秩序をもった塩基配列をだれが設計し、だれがつくったのでしょうか。

もちろん進化学者は、それは一挙にできあがったものでなく、生命が長い時間をかけて遺伝情報の構造を自然に作り出したといいます。試行錯誤を繰り返し、膨大な時間をかけて少しずつ変化し、単純なものがより複雑になり、現在のような形になったわけです。でも、それでは生命の材料となる元素である水素、酸素、炭素、窒素、硫黄、リン、カルシウム、ナトリウムなどをかき混ぜて、長い時間放置すれば自然にアミノ酸などの有機物が誕生し、さらに蛋白質のような高分子が合成されるのでしょうか。コバルトや銅、亜鉛やセレンのような微少金属をふりかけると遺伝子が合成されるのでしょうか。

最新の知見では、これらの有機物は宇宙からやってきたのではないかと考えられていま
す。とりわけ彗星が重要で、太陽系の生成時に彗星は地球に多量の水をもたらしたのみなら
ず、生命の材料である有機物をも地球にもたらしたといわれています。だが、それは出所が
変わっただけで、生命の誕生や進化のナゾは残ったままです。

科学者は、生命やその進化は、自己増殖、自己形成の仕組みがもともと生命には備わって
いるというのです。元素を組み合わせ、分子を形成し、そして複雑な仕組みへと発展させる
働きが、もともと備わっているのだといいます。それではその仕組みはだれが考え、だれが
設計したのでしょうか。この問いは**第一原因**への問いと呼ばれるもので、ギリシアの昔から
問われ続けてきたものですが、ほんとうの答えは、これほど科学の進んだ現代でもわからな
いのです。

進化の特長としてよく例に挙げられるのは、キリンの首が長い理由や象の鼻が長い理由で
す。進化学者たちは個体差、あるいは突然変異の中で首の長い原始キリンや鼻の長い原始象
が生存に有利だったために、それらが生き残り、その変異を何百万年もかけてくり返した結
果、現在のような「種」が定着したのだといいます。これが「自然淘汰説」です。ダーウィ

ンの進化論は基本的にこの考え方に立脚しており、彼の主張の根本にあるのは、神などの第一原因が存在しなくても生物は自然に進化し、現在のように膨大な多様性に到達するだろうというものでした。

現代のもっとも著名な進化学者であるカリフォルニア大学のリチャード・ドーキンスは徹底した反宗教主義、無神論を貫き、生命などというものは、ミームと呼ばれる遺伝子の乗り物に過ぎないという「利己的な遺伝子主義」を唱えています。宗教の根幹をなす自己犠牲の愛、つまり困っている他者を助けようという利他的行動の源泉すらも、実は遺伝子を有利に残すための「利己的」な「戦略」に過ぎないのであって、利他愛を美化するのは神を含めあらゆるものを擬人化している妄想のたぐいに他ならないと主張するのです。では、その利己的な遺伝子はだれが創ったのでしょうか。

生物の多様性の中でいちばん不思議に思えるのは擬態です。枯葉にそっくりな蝶のアケビコノハ、蘭の花にそっくりなハナカマキリ、羽根に大きな猛禽類の目玉を持つフクロウチョウ、海草にそっくりなリーフィーシードラゴンなどなど驚愕のそっくりさんがたくさんいますし、瞬時に周囲のものと同じに体の色を変えるタコの行動も擬態の一種だと考えられます。タコはきわめて知能が高く、現在注目の軟体動物ですが、それでは、こういう擬態構造や擬態行為はいったいどのように生じているのでしょうか。

ここで蝶や蛾の擬態の典型的な例としてフクロウチョウを考えてみましょう。写真をご覧ください。気味が悪いですが、よく見るとちょっと愛嬌のあるフクロウの顔が羽根に浮かび上がってきますね。何よりその目が印象的です。

それではフクロウチョウは、自分の羽根に鷲やフクロウなどの猛禽類の目玉を描こうと自分で思って、そういう姿を蝶が自分で設計し、遺伝子を配列しなおし、擬態を完成するのでしょうか。それはあり得ません。人間でもできないことを蝶がするなど不可能です。

進化論者たちは、蝶の突然変異の中でたまたまフクロウの目玉のような模様を羽根にまとった蝶が、他の鳥の餌食になることが少なかったために生存戦略上優位に働いて、このような模様が定着したと自然淘汰的に考えます。しかし突然変異でこういう模様の蝶が出現するものでしょうか。自然淘汰だけで、これだけ似るものでしょうか。進化論者たちの答えは「膨大な時間」こそが、それを可能にしたというものです。何十万年という長い時間をかけ、何度も何度もフクロウの目玉が蝶に現れ、敵にもっとも脅威を与える目玉模様だけが生き残った結果として擬態が成立していると考えるのです。

この進化説は一見合理的な説明になっていて、納得できるように思われますが、致命的な欠陥を負っています。ある種が誕生してくるその源泉を問うことができないからです。そもそも偶蹄目《ぐうていもく》のキリンはなぜ出現したのか、長鼻目のゾウはなぜ出現したか、鱗翅目《りんしもく》の蝶はなぜ出現したのか、変異は説明できても、その根本のところが説明できません。

イリオネウスフクロウチョウ

出典 mushikiti.

さらに、生物進化全体が単純なものから、より複雑で高度なものへと進化し、やがて知性を備えるようになったという事実を、つまり物質が、生命という状態を経て、知性的なものへと変容しようとしている事実を、さらに言うならば、死んだ先に霊的なものに出会うという進化全体が高い次元にむかって上昇している事実を、いったい自然淘汰説だけで説明できるものでしょうか。むしろ逆に、生命全体は、まったく別な、より高い次元から導かれて進化を進めているのではないでしょうか。

世界は何ものかによって創られていて、砂一粒でさえ自分で創ったわけではないということの一点にこそ、世界と人間のほんとうの関係の鍵があるのではないでしょうか。宇宙は何ものかによって与えられているのです。原子一粒だって人間が創ったわけではない。原子というものがどれほど小さく精密なものか少し想像力を巡らしてみれば、その原子一つ一つにすべて同じ規格で原子核が備わっており、原子核の彼方をすべて同一の規格で電子雲がとりまいていること自体、驚くべきことに思えます。宇宙に存在するすべての原子が、同一の規格で整然と創られている。では、それは一体だれが創ったのか。

頑迷な反宗教主義を貫き、「神は妄想である」と宣言してやまないリチャード・ドーキンスでさえ、「深遠な宇宙や生命の数十億年にわたる進化の理解、生物の分子的な解明は、神話や疑似科学よりも遙かに美しく、驚異の世界を我々に教えてくれる」と、その著『虹の解体』で語っているのですから、彼もまた冷血漢ではなく、驚きに満ちた世界の神秘に心を躍らせている熱血漢だということがわかります。おそらくドーキンスは、既成の宗教の愚かしい発想（イギリスでは妖精などをいまだに信じ込んでいる年配の人が多いのです）を揶揄《やゆ》しているに違いありません。

原子一つでさえ、その秩序と規則性という意味で、情報のかたまりとも言うべきものである。まして生命や、その生命を働かしている遺伝子というものは、とてつもなく大きな情報のかたまりである、という事実をほんとうに受けとめることができたなら、私たちはより広大な世界に歩みを進めることができるのではないでしょうか。

ここで注意していただきたいのは、遺伝子が情報の集積体だと申し上げているのではないということです。そんなことは当たり前です。そうではありません。その複雑な情報装置を組み立てている「**より巨大な情報**（**意識**）**が存在する**」という事実なのです。いかなる装置も設計図がなければ組み立てられません。生命のようなものは、宇宙に何十億年置かれていたとしても、偶然にできあがってくるものではないのです。

しかし、だからといって、宇宙や生命を組みあげている不可思議な力が働いており、それはきっと神に違いないというようなことを言っているわけでもありません。それも擬人的妄想にすぎません。

事実として、はじめに大いなる情報（宇宙意識）が存在していた。それがなければ、宇宙も生命も誕生しないだろう、といえるのです。その情報を言葉といっても、聖霊といっても、スピリットといっても秩序といっても同じことです。いずれでも構いません。大切なことは、それがすべてに先だってあるという一点です。

新約聖書のヨハネ福音書の冒頭に、「初めに言葉ありき」と述べられているのは、まさにそういうことです。言葉、すなわちロゴス、すなわち高密度の秩序をもった膨大な情報がこの宇宙を満たしているのです。それがなければ、そもそもビッグバンも生じないし、銀河も生まれないし、生命も誕生しないのです。この本の前半でもお話ししたように、そういう宇宙に内在している根源情報のもとに、私たちは死んだら帰るというのが本当のところではないでしょうか。

人間が素晴らしい存在だと思うのは、その根源情報を何らかの形でつかめることです。臨死体験をしている人は、この根源情報の中に入っていくのです。するとその世界は、単なる物質ではなく、すみずみまでもが巨大で透明な意識そのものであることが納得できるのです。物質はその意識の道具に過ぎません。生命における身体とは、単なる道具のことであって、それを創っているものが根源情報なのです。

驚くべきことに、人間の脳は、その根源情報を感じたり、意識したりすることができる。あるいはその根源情報と一つになることができるのです。その一つとなった状態を仏教では「悟り」と捉えています。悟った人間が決して死ぬことがないのは、その根源情報は人間の脳の中にあるわけではなく、この宇宙を満たしているものであり、ほんとうの私とは、その根源情報と一つであることがいやおうもなく、わかるからなのです。

そのとき人の意識の中では、驚くべきことが生じます。街の通りを歩くと、向こうから来る老婆が「わたし」なのです。通りに並ぶ街路樹の葉の一枚一枚が「わたし」なのです。吹き抜ける一陣の風が「わたし」なのです。道端の塀の上で眠りこけている猫が「わたし」なのです。意識は頭蓋骨のなかにあるのではなく、世界のすべてに広がり、そこに遍在しているではありませんか。
これは幻覚ではありません。妄想でも幻《まぼろし》でもなく、世界の真のリアリティです。むしろ脳内の私こそが錯覚に過ぎず、ほんとうの「わたし」は全世界に広がっているのです。この意識の位置の逆転、働く主体の転換、意識の遍在こそ、ウパニシャッドの教えから仏教、キリスト教、イスラームの神秘主義に至るまですべてに広がり、そこに通底しており、ただ一つの真実がそこに顕われているのです。

人が生涯を終えて、あちらの世界に旅立つということは、まちがいなく、この広大無辺の世界に旅立つということです。そこでは時間も空間も存在せず、すべてのものが一つとなり、会いたいと思う人がいれば瞬間的にその人の前に立っており、いきたい場所があれば、瞬時にその場所の大景観を前にするのです。臨死体験をなさったかたに、このことを尋ねてみてください。きっと、この通りだとおっしゃるに違いありません。

❖死への準備

いよいよここからは死を前にした私たちの心の準備についてお話ししたいと思います。私たちは高齢に至ったとき、あるいはさほど歳をとっていなくても、死に至る重大な病を抱えているとき、早めに死の準備をしておくべきです。遺書を認《したた》めることをはじめとして、財産分与、蔵書や車など自分の所有物の整理、葬儀方法、墓の維持、末期医療の是非、病院か自宅かの終焉の場所の選択、臓器提供の有無など、具体的な死の準備をしておきたいものです。荷物をできるかぎり減らし、立つ鳥跡を濁さずの気構えで死の準備を始めることが望ましいのです。

病院で死を迎えると、体中に延命装置のチューブが張り巡らされることが多く、穏やかで尊厳に満ちたみずからの死を迎えたいという願いが成就できないかもしれません。もちろん、緊急を要する救急医療は必要ですが、老衰で、穏やかに死を迎えたい場合は、病院ではなく、自宅で最期を迎えるという方が良いのではないでしょうか。現代の病院は、不自然なまでに延命し、患者の命を永らえることに全エネルギーを注ぐからです。医師の立場としては当然のことでしょうが、霊的な立場から申し上げれば、必ずしも正しくはありません。なぜなら、人の寿命は定まっており、それを物質的に引き伸ばす延命治療は、宇宙の摂理に反することだからです。

幸いなことに、在宅で最期を迎える自然死のための在宅医療の環境が少しずつ整いつつありますが、そのためには、まず何より良き在宅医を見つけることが先決です。苦痛を緩和するための薬を処方したり、排尿が困難な場合は適切な処置が必要となりますが、これも在宅医の役割です。臨終の判断や告知を含め最終的に医師の立会いは欠かせません。ガンの場合は、ある程度の生活のレベルを維持できる期間が長いので、その間を自宅で過ごすことができれば、家族と会話をかわし、自分がやり残したことをある程度叶えることができます。心身ともに衰弱して身動きができなくなる期間は一般的にひと月以内だといわれています。人生の最終のステージを、病院ではなく自宅で家族と共に過ごすことはとても大きな意義をもっています。家族との心の触れあいこそ、自宅で最期を迎える場合の最大の意味だと思えるからです。

死に向かう心の準備もすこぶる重要になってきます。それは、何度もお話ししているように、死んだ後の私たちのあり方は、最期の魂のあり方と深くかかわっているからです。まるで枯れた葉がこずえからふわりと落ちるような、そんな理想的な死に方であれば、良いのですが、そのように死を迎えられるかどうかはわかりません。重い病で、激痛にもがき苦しみながら死ぬ可能性もあるわけです。人が最期の瞬間にどのような死を迎えるかは、すべて運命とかかわっているので、人によってさまざまです。この最期の瞬間に「大往生」を遂げることができるかどうかは、恐ろしいほど因果応報と関わっています。だから人生は真剣に、丁寧に生きるべきだったのです。

だが、どんな状態であっても、この世を旅立つ瞬間、魂の状態さえ整ったものであれば必ず導きがあります。

それは無理だ、とおっしゃる方がおられるかもしれない。そもそも認知症になって、明瞭な意識を失ってしまったら、どうしたらいいのだと嘆く方もおられましょう。しかしこれも安心していただきたいのです。認知症の場合でも、最期の瞬間に、ふと正気に立ちかえることがあります。それこそが、人間の本質が、肉体的存在から霊的な存在へと移行しはじめている瞬間だと考えられます。その人の霊的な姿は病や障害などの一切の負の痕跡を残しません。霊的な存在とは、その人の本質が完全に顕《あら》われている状態だからです。

人はさまざまな心の汚れを抱え、心のゆがみを抱えて生きるものです。人間とはまことに浅はかで欲深く、愚かな生き物だといわねばなりません。病が重くなって寝たままになると自由が利かなくなるので、ついつい愚痴やわがままが口をついて出て、家人や看護師さんを困らせることが多くなってしまいます。

しかし、そんな最期のときこそ、浅はかで自己中心的な状態を超えたいものです。この最期の瞬間の魂のあり方によって、次のステージのあり方が決まってくるといっても過言ではないからです。死に近づけば近づくほど魂の浄化が求められます。

まさしく、この世に生きる最大の目的は、この魂の浄化にあったのです。負い切れないほどの欲望を背負って生きている私たちですが、その業を少しでも解き放ち、少しでも心を清浄なものに清めるために、この世に生まれてきたはずです。そのために何度も何度も輪廻転生をくり返しているのです。魂の浄化と向上がなければ、転生する意味がありません。そして、それができる最後のチャンスこそが、死の瞬間です。そこが人生の最終的なゴールだからです。

そのとき、第一に心に思い浮かべていただきたいことは、**すべてのものへの限りない感謝の気持ち**です。充分に満たされた人生であればむろんのこと、仮に不満足で満たされなかった人生であっても、妻や子供たちに恵まれたことに感謝の気持ちを捧げましょう。仮に独り身であっても、この世に生を受けたことに無限の感謝の気持ちを捧げたいものです。

私が常に思い出すのは、一九八五年八月十二日の日航機墜落事故で亡くなった方々の遺品の中から見つかったいくつもの家族宛の遺書のことです。墜落直前という極限の状態の中で、黒い小さな手帳に綴られた遺書には、子供たちへの呼びかけにはじまり、「本当に今迄は、幸せな人生だったと感謝している」と強い筆跡で最期の一文が綴られていました。これほど、人のまごころを、魂を伝えるものはありません。絶望的な状況の中だからこそ、無限の感謝の気持ちを、このかたは捧げておられるのです。普段、穏やかな日常の中ではなかなか極限の状態などは訪れません。しかし、どんなに平穏な人生を送った人も、死という最終的な極限状況に立たされます。さらに言うならば、死の瞬間に、家族や愛する者だけでなく、**万物への限りない感謝の気持ちを抱いて、次のステージに進むことは、おそらく決定的な意味を持つだろうと思います。**

それは、すべてを手放し、すべてを大いなるものにゆだねる瞬間です。大いなるものとは、いま信仰されている宗教があれば、その神や仏でもかまいません。もし特定の宗教を信じておられないのであれば——そのほうがなお良いのですが——、大いなるもの、自分をこの世に授けてくれたあの永遠の力を受け止めてください。そのはかり知れぬ力にすべてをゆだね、すべてをあずけておまかせするのです。

仮に不運な死に方をしても（人はどういう死に方をするかまったく予断を許しません。それは運命にかかわっているからです）、死ぬ瞬間を自分で見ることができます。この自分で見るということがすこぶる大切なことです。見ているのはあなたの霊魂であって、死んでいく肉体は仮の姿、つまり肉袋に過ぎないことがその瞬間にわかるのです。事実死んだ後、すぐに筋肉は弛緩しはじめ口が開いたりしますし、数時間後には逆に死後硬直が始まります。ここでもご遺体を調える納棺夫の役割はとても大切だということがわかります。死後硬直はその後緩みますが、肉体は（季節

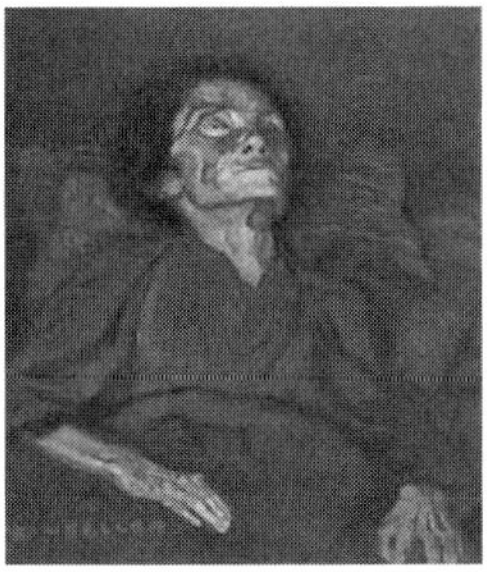

五姓田義松　老母図
（神奈川県立歴史博物館蔵）

によって異なりますが）一日も過ぎれば早くも腐敗が始まります。物質としての身体は、すでに役割を終え、分解が始まっているわけです。しかし霊魂はそうではありません。

死の直前、もはやすべての望みは絶たれています。すべての気力も体力も欲望も尽き果てています。

だからこそ、心の底からの想いをふりしぼり、わずかに残った力をふりしぼって、あなたの魂を浄化させなければなりません。魂の浄化とは万物への感謝の気持ちです。それができれば、それまでのさまざま汚れは洗い流すことができます。すべてが絶たれている絶望の淵から、逆に、無限の光の彼方に、大いなる希望の世界へと旅立つことができるのです。魂を浄化しさえすれば、例外なくこのプロセスをたどることができます。

死の扉の先には、光に満ちた世界が広がってます。このことが　なぜそう言えるのか、論理的にも、霊的な立場からもずいぶんお話ししてきました。まだ納得できない方は、あの世を信じるだけでもいいのです。苦しみを引きずったままの気持ちでこの世を去るより、希望をもって、微笑みながらこの世に別れを告げたほうがずっと良いではありませんか。

あなたがそう願おうと願うまいと、必ずそうなるのですから。

❖聖なる力をもらう

万病を癒すというルルドの泉をご存知でしょうか。十九世紀の中ごろの話です。フランスとスペインの国境にそびえるピレネー山脈のルルドの洞窟に薪を拾いに来た少女の前に、突然、聖母マリアが出現したのです。それから次々と起きた奇跡によって全世界に知れ渡ったルルドの泉は、いまやカトリック最大の巡礼地となりました。治療不可能な病に冒された人々が、洞窟の岩肌に設けられた蛇口から水を飲んで快癒したという噂がたちまちに広まって、年間五〇〇万人もの人々が世界中からやってくるとか。バチカンもこの水の力を認めて公式の巡礼地として認定しているのだそうです。

日本にも幕末のころに紹介され、その後ヨーロッパを旅行する人はルルドの泉に立ち寄る人も少なくないといいます。ただ奇跡が生じるためにはカトリックの信仰をもっていなければならないところがちょっと狭き門なのですが。最近では、精神世界の著書でも知られる物理学者の保江邦夫さんが、矢作直樹さんとの対談集『ありのままで生きる』の中で、ルルドの泉のことを語っておられます。彼は進行した大腸ガンで手術を受けた後、どうも術後が思わしくないというので、抗がん剤の使用を拒否して、フランスとポルトガルを訪れ、ルルドとファティマという二つの巡礼地をたずねたのだそうです。帰国後、不思議なことに腫瘍マーカーの値がとても下がったと言います。

保江先生は物理学者ですから怪しげなことを単純に信じ込んでいるのではないと思います。まだ解明されていない何らかの理由で、奇跡的なことが起きたのかもしれません。

それにしても人は、さまざまな病に冒され、病と闘っています。末期癌のかた、循環器の病を抱えたかた、現代医学でも治せない難病に苦しんでおられる方々など膨大な数の人々が、つらい状況の中で苦しみ、病魔と闘っておられます。

これまでお話ししてきたように、病気にかかることも、己の寿命が尽きることも、一つひとつ意味があって、それをむやみに変えることは許されないのですが、それでも人は病の先に横たわる死の恐怖に勝てません。それは、死がある種の極限の状態であり、その先には何もないと感じるからです。

第三章　永遠の世界を想う　終わりのないいのち

私自身のことを語るのはなかなか難しいのですが、この本の「慟哭の歩み」に記したように、私は少年時代に岐阜長良川の「光の仏」の体験を経てから、不思議な力が授けられました。その力が最も発揮されるのは、重篤な病を癒すこと、その人の運命を見る予言力です。その不思議な力は現在なお健在ですので、もしお困りの方がおられたらどうぞ私のもとにいらしてください。

病を抱えて私のところにこられる方には、次のことをお話ししています。これは治療行為というより、私が祈ることによって病巣に変化が生じ、確実に良い状態になるのです。そして私の願いは唯一つ、病が癒えて安心でき気持ちが安らぐときに、自分の魂に本当に向きあえるだろう、ということなのです。

これまで以下のような方々のために祈願行を行ってきました。

病のためのご祈願行をするためには、私がおります静岡県の御殿場にお越しいただく必要があります。お目にかかってお話をうかがい、どのようなご祈願をして差し上げるのがいちばんふさわしいかを、ご相談のうえ決定します。

私の祈願行は短くても数時間、長いと数日に及ぶことがありますが、もうこれで充分だろうと心の底から思えるまで、不眠不休の加護の行をおこないます。

西洋医学による治療、手術などが必要な場合はそれを優先していただきます。普通の医学では手の施しようのない方もお受けします。どういう病がどのように快癒していくのか、その具体的な例を箇条書きにしてみました。古いものは相当な数にのぼりますので、平成二十四年以降のものだけです。参考になさってください。

◎女性　六十五歳

平成二十四年、くも膜下出血で倒れる。病院では処置のしようがないと言われた。直ちに祈願行にはいると、しばらくして意識を回復。現在では完全に快癒してお元気なころとほとんど変わらない生活を送っておられる。

◎男性　六十一歳

平成二十四年、末期ガンで余命わずかの宣告を受けた。しかし、娘さんの結婚式まではどうしても生きていたいと願い、私は直ちに祈願行にはいった。余命宣告の日が過ぎても何事もなく、無事に結婚式を終えたという報告を病院で受けた翌朝に亡くなられた。延命六ヵ月であった。

◎男性　六十一歳
平成二十四年、膵臓ガンで余命三ヵ月と宣告を受ける。事態は緊急を要し、すぐに祈願行にはいる。抗がん剤は飲まないようにという指示を出した。ただ非常に残念なことに、この方は先ごろ亡くなられました。

◎女性　六十二歳
平成二十五年、心臓の心室と心房の圧力バランスがうまくとれず、心不全に近い状態で常に胸が苦しいという症状があった。病院でも治療は難しいといわれたので、すぐに祈願行に入ってしばらくすると胸の苦しみがとれ、楽になった。

◎女性　三十六歳
平成二十五年、沖縄のかた。出産前、逆子と診断され難産が予想された。すぐに祈願行。正常位置に戻り無事に出産。

◎女性　三十七歳

平成二十五年、このかたはもうじき結婚されるという直前に、難病ベーチェット病を発症された。なんとか治してほしいと依頼を受ける。病院では完治は難しいと診断されていた。祈願行を行うと次第に回復し、無事に結婚。さらにお子さんもできて、現在は幸せな家庭を築いておられる。

◎女性　七十五歳

平成二十五年、膝の痛みがひどく手術をすることになったので、手術と術後のための祈願を開始。手術は成功し、予定より早く、歩行器も杖も使わずに歩けるようになった。

◎女性　四十四歳

平成二十六年、心臓弁膜症でひどく疲れやすかった。そこで祈願行をしたところ、すっかり元気になられた。

◎女性　七十九歳
平成二十六年、股関節を痛め、手術をすることになったので、祈願行を開始。手術も無事に終わって、現在はすっかり元気になられた。

◎男性　二十九歳
平成二十六年、浴びるように酒を飲んでいたために、肝臓が悪化。そこで断酒祈願を行った。現在ではほとんど酒を口にしないようになったという。

◎女性　三十五歳
平成二十六年、病院で肝臓ガンの疑いありといわれる。すぐに祈願行を開始。その年の九月、精密検査の結果、肝臓ガンではなく肝細胞腫と判明。病院からガンと言われていたが、祈願行の結果、大丈夫だったので、安心と感謝の報告をいただいた。

◎男性 六十七歳
平成二十六年、三・五センチ大の肺ガンが見つかる。入院前の検査で肺ガンとリンパへの転移の疑いがあった。すぐに祈願行を開始。手術は三時間で終了。転移はないと判断された。手術から九日で退院。その後の受診の際、腺ガンはステージ1のBでリンパにはガンはなかったと診断された。

このほかにも何人もおられるのですが、個人情報にかかわることは記すことができないのでこのぐらいにいたします。より詳細な記録については、拙著『魂と死の品格』や『ガン・難病を救う奇跡の力』にも記載されておりますので、必要ならばご覧ください。もし、このような祈願行をご希望になられる方は、八尊光倫会（0550―76―0800）にお問い合わせください。きっと、お力になれると思います。

私の祈願行がなぜ病を癒すのかについては『魂と死の品格』に若干述べたものがありますが、基本的にはルルドの泉と同じように、科学的な説明は難しいと思われます。しかし、奇跡の泉がそうであるように、実際に良くなる場合が少なくありません。それは私の思念が直接患部に届いている場合もありましょう。それ以上に、病で苦しんでおられるかたの心身にパワーを与え、気持ちが前向きになり、うつむき加減だった姿勢までもがしゃんとしてくるのです。この前進しようとする気力を高めることで免疫力がアップし、体の隅々まで良き血液が巡るのではないでしょうか。そういう不思議な力が、私たちの体にはもともと備わっているのです。

それでも、迫りくる死には勝てない場合もありましょう。死はどこまでも厳然と存在します。それが若干早いか遅いかのだけの違いです。人生の終焉である死が、実は、あなたの次の人生のスタートであることを悟ることほど、大いなることはありません。このことをお伝えするためにこの本は書かれました。どうか私を信じて、新たなる人生の大航海に、共に旅立ちましょう。

最後に、ダグ・ハマーショルドの味わいある一文を再びお伝えしたいと思います。

未聞の領域の境界線に立つ。

ここで、私の知っていることは終わりを告げる。しかし、境界線のかなたに、私の存在は始源となりうべきものを予感する。ここで、欲望は浄化せられ、自由無碍となる。

……一々の行為が未知のものへの準備であり、一々の選択が未知のものへの諾《うべな》いである。


ダグ・ハマーショルド『道しるべ』（鵜飼信成訳）

散りぬべき　時知りてこそ　世の中の
花も花なれ　人も人なれ

細川ガラシャ

〈著者紹介〉

岩満　羅門（いわみつ　らもん）

昭和11年、東京新宿生まれ。

小学校時代を岐阜で過ごす。

岐阜の長良川のほとりで稀有の啓示体験を受け、予知能力、治癒能力など不思議な力を授かる。

大変な苦学の末、宗教法人・八尊光倫会を創始。

その無限のエネルギーによって多くの方々の魂と命の救済に生涯を捧げている。

建築デザイナーとして、ホノルルハワイアンビレッジデザイン、光倫会本殿の設計や装飾を手がけ、仏像の尊顔素描にも携わる。

著書：『魂と死の品格』『女性星魂術』

　　　『サイババの霊魂と語る』など

〈本文中歌詞〉
JASRAC　出1511967-501

死の先へ

定価（本体1600円+税）

乱丁・落丁はお取り替えします。

2015年11月19日初版第1刷印刷
2015年11月27日初版第1刷発行
著　者　岩満羅門
発行者　百瀬精一
発行所　鳥影社 (www.choeisha.com)
〒160-0023 東京都新宿区西新宿3-5-12トーカン新宿7F
電話 03(5948)6470, FAX 03(5948)6471
〒392-0012 長野県諏訪市四賀229-1(本社・編集室)
電話 0266(53)2903, FAX 0266(58)6771
印刷・製本　モリモト印刷・高地製本

ISBN978-4-86265-539-4 C0014